LES SUCCESSIONS

Du même auteur

Romans

OMICRoN, Ramsay, 2007.

Le Réprouvé, l'Éditeur, 2010.

Poèmes

Chants de partout et d'ailleurs, Librairie-Galerie Racine, 2000.

Pour joindre l'auteur : http://actualitte.com/blog/mikaelhirsch

MIKAËL HIRSCH

LES SUCCESSIONS

Roman

l'Éditeur

l'Éditeur. 40, rue de Monceau. 75008 Paris
Directeur littéraire : Émile Brami

www.lediteur.com

L'hommage rendu à l'icône va au prototype.

Épilogue officiel de la Querelle des images,
concile de Nicée II, an 787

La foule le retenait en son sein. Chaque fois qu'il tentait une échappée, les courants qui semblaient animer le gigantesque peloton le ramenaient de la périphérie vers le centre. Il agrippa la rampe qui devait le conduire à l'extérieur de la station de métro. Quelques flocons épars tombaient alors sur Tokyo. Il avait beau faire des efforts, lutter contre les clichés inhérents à sa propre culture, il ne pouvait envisager ce pays autrement qu'en termes de rapports entre le groupe et l'individu. Il se hissa tant bien que mal, écrasé par la pression des corps. Comme les bancs de poissons ou les vols d'étourneaux, les badauds paraissaient obéir à une force qui lui restait imperceptible, une énergie secrète qui dictait son mouvement à la chair. À l'intérieur de cette harmonie, il se sentait à la fois fier et curieusement honteux d'être un électron libre. Si les gens le dévisageaient, ce n'était pas seulement parce qu'il était un étranger, un *gaijin*, mais surtout parce que ce sens inné de la communion sociale lui serait pour toujours inaccessible.

À contrecœur, il finit par lâcher la rampe. La ville tout entière semblait habitée par le chuintement continu du bruit rose. Ses mains se décrispèrent enfin. On cherchait dans le hasard des sons la présence d'une voix, dans la confusion des images, l'apparition d'un signe. En cette fin d'après-midi, la nuit tombait déjà sur Electric town, district d'Akihabara. Pascal Klein s'engouffra dans la rue Myoujin, puis tourna à droite dans l'immense avenue Chuo qui partageait l'horizon en deux hémisphères symétriques et fluorescents. La lumière des enseignes déchirait le crépuscule par intermittence, giclant sur les façades comme une hémorragie. Cou coupé sans soleil.

Durant l'occupation américaine, le quartier que l'on surnomme Akiba était devenu la plaque tournante du marché noir. On y échangeait alors des pièces détachées d'appareils électriques, les premiers transistors, puis des circuits imprimés. Comme il y avait eu un archipel du goulag, on assistait maintenant à l'émergence d'un réseau d'îles artificielles, un chapelet de métropoles spécialisées. Si Paris n'était plus à ses yeux qu'un village Potemkine, il avait le sentiment d'être à présent dans le foyer vertigineux d'un instrument d'optique, le point focal où s'effectue la mise au point.

Confusément, Pascal cherchait à deviner, sous les façades de verre et les étalages de gadgets électroniques, ce qu'avait pu être cette ville autrefois, ce qu'elle était toujours, sans le savoir, car pour lui tout était toujours dans le passé. Les apparences importaient peu. Dès son arrivée à Tokyo, il avait sans succès cherché les maisons de bois, les sanctuaires et les châteaux des seigneurs de la guerre. Dans l'attitude même des autochtones, il essayait de percevoir les vestiges du code d'honneur des samouraïs. Lorsque dans la rue, en quête d'un temple shinto, il interpellait un passant, les gens formaient un attroupement et se mettaient à rire. On se moquait de lui comme si, dans les rues de la mégapole ultramoderne, il avait pu subsister quelque chose d'aussi saugrenu que des voitures à bras ou des porteurs d'eau. Le temple en question était pourtant bien là, dissimulé, recroquevillé entre les tours. Quelques irréductibles y vénéraient encore les *kamis*, ces petits dieux de la nature.

L'idée de conservation qui l'animait depuis si longtemps paraissait ici curieusement étrangère. La tradition pourtant très forte semblait être ailleurs, dans un ensemble de croyances et de rituels imperceptibles pour les yeux. Si bien que sa première impression était un mélange de satisfaction et d'étonnement. Certaines de ses idées, forcément préconçues, se voyaient légitimées, d'autres au contraire s'avéraient ridicules. Ainsi et seulement ainsi, avait-il conscience de voyager, car la notion d'exotisme répond à un subtil dosage de surprises et d'espérances déçues.

Il cherchait à présent la devanture d'un bar, le *Kosupure*. Son interlocuteur au téléphone lui avait parlé d'un endroit confortable, « un lieu de détente typiquement japonais ». Lorsqu'il était à l'étranger, il trouvait humiliant d'être considéré comme un touriste. Sûr de ses stéréotypes, il imaginait par conséquent l'un de ces salons de thé aux portes en papier, aux hôtesses vêtues de kimono, aux instruments dissonants.

Il laissa sur sa droite l'immense complexe UDX et continua tant bien que mal sa progression. Dans quelle mesure ce grand organisme pouvait-il digérer un élément importé ? Les trottoirs, rendus glissants par la neige fondue, voyaient patiner des jeunes filles en bottines fourrées, sportives délicates au déséquilibre constant. Les microprocesseurs usagés étaient ici des accessoires de mode, qu'on portait en boucles d'oreilles ou en pendentifs. Certains modèles déjà anciens et devenus rares s'arrachaient même à prix d'or. Les magasins, véritables autels de néons, débordaient d'équipements grotesques et sophistiqués. Le nanomonde, proliférant, semblait conférer à la technique les attributs mêmes de la divinité. La miniaturisation était un véritable acte de foi, le seul credo encore possible. Vendre le microscopique serait sans doute le défi publicitaire à venir, l'origine de nouvelles superstitions.

À Jérusalem, il arrive que les visiteurs se prennent soudain pour le Christ ou pour Marie-Madeleine. C'est le mal conjoint du Livre et des pierres trop anciennes. On se cogne contre les murs, guettant l'apparition des stigmates.

À Florence, comme Stendhal, on s'évanouit encore devant l'opulence du rouge et de l'or, face aux tableaux innombrables de la galerie des Offices.

À Paris même, il existe une pathologie endémique et pourtant méconnue. Un jour, traversant la cour carrée du Louvre, Pascal avait surpris un touriste japonais en train d'invectiver les passants, avant de se rouler par terre.

— Encore une victime du syndrome de Paris, avait alors déclaré un inconnu par-dessus son épaule.

— Le quoi ?, avait demandé Pascal en se retournant.

— Le syndrome de Paris ! Vous ne connaissez pas ? C'est un ensemble de symptômes qui ne touche que les Japonais de passage dans la capitale. Trop grandes disparités culturelles, trop de signes étranges à interpréter. Une overdose sémantique, si vous préférez. Le comportement des gens leur est incompréhensible, le contact, le sourire, les exclamations. C'est générateur d'un stress quasi insupportable. De là, on tombe vite dans la paranoïa et la démence.

— Jamais entendu parler de ça… À Paris seulement ?

— À Paris uniquement !

Akiba aussi possède son microclimat psychique, son trouble indigène du comportement. Il s'agit d'un consumérisme névrotique, sans véritable envie et sans plaisir, une pulsion sans cesse renouvelée. On se passe désormais très bien du mysticisme rural. Les villes innombrables semblent générer leur propre vertige, leurs sacrements et leurs ciboires de lumière.

Pascal tenta de nouveau de s'extraire du flot qui le portait comme une marée montante. Il joua des coudes, antisocial. Les étalages débordaient des échoppes dans un fatras de composants informatiques. Les cartes mères et les câbles réseaux se déversaient en un flot ininterrompu. Des crieurs de rue, se tenant au seuil des boutiques, haranguaient la foule à l'aide de mégaphones : « *Irrashaïmase* !* », hurlaient-ils sans discontinuer, « *Irrashaïmase* ! ». D'énormes corbeaux au bec menaçant planaient entre les gratte-ciel, tels des drones de combat. Il réussit finalement à trouver une bande d'espace libre longeant le bord du trottoir. Une ligne de diodes bleutées y ponctuait le macadam, une syncope, un staccato. À découper selon

*. « Entrez, entrez ! »

les pointillés. Il poursuivit ensuite sa trajectoire, faisant par moments de timides écarts sur la chaussée. Le froid et l'humidité imprégnaient ses vêtements. L'avenue palpitait dans la nuit tombante comme une luciole survoltée. L'absence d'heure d'hiver plongeait le pays tout entier dans l'obscurité dès quatre heures de l'après-midi. Il avançait transi, une main tenant le col de son manteau pressé contre son cou, l'autre serrée au fond de sa poche.

La vitrine était si lumineuse qu'il ne put s'empêcher de s'arrêter un instant. Le trottoir et la foule des passants étaient soudain surexposés, fauchés par la blancheur aveuglante du contre-jour. Permanence de l'éclair après la bombe. Il avait de la chance. Le bar se trouvait au rez-de-chaussée, ce qui à Tokyo n'avait rien d'habituel. La ville occupait si bien tout l'espace disponible que les restaurants et les salles de sports se trouvaient très souvent dans les étages. Il était alors impossible à un étranger de les trouver sans aide. Se débrouiller seul était toutefois la meilleure solution, car les renseignements obtenus étaient rarement fiables. Ici, on préférait mentir, raconter n'importe quoi plutôt que d'admettre son ignorance. En toutes circonstances il fallait sauver la face, peupler le vide soudain ouvert par les questions embarrassantes. Il dut mettre la main devant ses yeux pour distinguer l'enseigne et s'assurer qu'il était au bon endroit. Interloqué, il entreprit alors de se frayer un chemin au travers des curieux attroupés et poussa la porte.

Le formica rose bonbon et le chrome lustré donnaient à l'intérieur des allures de cafétéria américaine. Lentement, ses yeux s'accoutumèrent. On lui fit signe de s'asseoir. Il ôta son manteau et se laissa glisser sur la banquette de skaï rouge. Il reconnut le jukebox Wurlitzer et les bouteilles de ketchup Heinz, la machine à pop-corn qui trônait sur le bar. La reconstitution paraissait fidèle. Il se demanda un instant si l'Amérique des années 1950 avait jamais existé, si tout cela n'était pas qu'un fantasme en celluloïd, commercialisé par Hollywood, une poupée déjà dégonflée. Quelqu'un s'approcha de lui et il releva la tête. Elle portait un bonnet de coton blanc, un tablier muni d'une poche, et des souliers vernis. Détail qui lui avait échappé jusque-là, le sol était couvert de miroirs. La culotte de coton rose qui s'y reflétait discrètement lui apparut, à juste titre, comme une note de couleur rappelant le formica de la table. Remontant le long du tablier, il la regarda de nouveau dans les yeux. Elle rougit.

Vaguement embarrassé, il désigna du doigt une affichette publicitaire représentant une bouteille en aluminium. La serveuse s'inclina légèrement, puis partit en sautillant vers la cuisine. Il se cala dans son siège. Autour de lui, d'autres hommes attablés discutaient avec des serveuses en costume, parmi lesquelles il crut reconnaître certains personnages de dessins animés. La nature factice du décor était pleinement assumée. Sur la table était posé un classeur contenant des coupures de presse.

Les *maid bars* fleurissaient dans le quartier. Tout en parcourant les articles, il essaya d'épier ses voisins du coin de l'œil. Il s'agissait d'un endroit incompréhensible pour un Occidental. Plus à l'ouest, à Kabukicho, les choses auraient été plus claires, mais ce genre d'établissement, fraîchement implanté dans un quartier dédié aux loisirs électroniques, le laissait perplexe. Les clients avaient l'air jeune et plutôt timide. Certains demandaient des autographes à leur accompagnatrice d'un moment, d'autres insistaient pour se faire prendre en photo. Non seulement les contacts physiques semblaient inexistants, mais l'idée même d'une sexualité, ne fût-ce que fantasmatique, paraissait ici totalement refoulée. On discutait tranquillement dans le respect mutuel.

Les *otakus*, ces jeunes maniaques de la culture pop, semblaient fournir le gros des consommateurs. Enfermés dans leur chambre minuscule, ils entassaient en secret les reliques d'un culte voué à l'image. L'objet du désir était sans valeur a priori. Seules importaient vraiment la ferveur, la quantité de colifichets, de figurines. Dans ce monde dénué de chair, où l'on communiquait par Internet, on rêvait à la chanteuse nécessairement inaccessible. Dans ce monde nécrosé par la contemplation, le passage à l'acte était devenu la transgression ultime. Il s'agissait uniquement de rêver, de prolonger l'enfance. L'Amérique d'après guerre avait vu l'émergence des *teenagers*, en tant que mouvement de masse. Le Japon des années 2000 avait, quant à lui, produit cet étrange théâtre d'ombres. Pascal comprenait maintenant le sens de ce décor absurde, le parallélisme. L'image avait simplement remplacé la musique. Il eut le sentiment étrange d'assister à une naissance.

On venait là pour admirer sa muse. Les serveuses faisaient par conséquent l'objet d'une dévotion particulière qui les plaçait hors du temps et de l'espace ordinaires. Dans ce monde, on ne pouvait être qu'adorateur ou adulé. Les filles, aussi jeunes que leurs fidèles, portaient leur déguisement sans gêne, ni malice. L'iconographie était dépourvue de connotation, détachée de son modèle occidental, le fruit d'une nouvelle forme de fétichisme curieusement asexué. Elles se déguisaient pour le plaisir, n'avaient pas le sentiment d'être traitées comme des objets. L'idée même de contrainte ou d'exploitation leur était étrangère.

Il songea aux miroirs et se pencha de nouveau vers le sol. Le reflet semblait bien être la seule réalité possible, le véritable enjeu de la mise en scène. Les glaces ne constituaient pas un dispositif pour voyeur, du moins pas au sens traditionnel du terme. Elles contribuaient à une atmosphère de faux-semblants. Le bar était une scène, où amateurs et professionnels jouaient de concert une pièce pour initiés.

La densité de la foule semblait inversement proportionnelle à la chaleur des relations. On communiquait seulement par e-mails et téléphones cellulaires. Le *maid bar* était donc une expérience exclusivement visuelle. Les articles de journaux étaient tous très clairs là-dessus et Pascal commençait à comprendre les lois qui régissaient ce microcosme absurde. Toute implication personnelle, tout contact physique y seraient immédiatement perçus comme un viol de la fracture numérique. Il ne s'agissait plus comme en France d'un quelconque retard en matière d'équipement informatique, mais bien du gouffre que les télécommunications avaient creusé entre les êtres. C'était un vaste canyon dont le franchissement était désormais tabou.

La serveuse finit par revenir avec une bouteille métallique. Elle resta ensuite immobile à côté de la table, attendant sans doute un ordre de sa part. Il la regarda et intuitivement fit un signe de la main. Elle s'assit alors en face de lui. Il entreprit d'inspecter ce qu'il avait commandé. Il contempla son reflet difforme dans le métal convexe de la bouteille, comme dans les glaces d'une attraction foraine. Une étiquette en anglais lui indiqua qu'il s'agissait d'une boisson énergisante, dont la particularité était de parfumer la sueur de son consommateur aux arômes de pamplemousse. Cette perspective le laissa perplexe un instant, puis il dévissa l'opercule et porta la bouteille à ses lèvres. C'était plutôt bon, vaguement rafraîchissant. On disait que l'omniprésence de conservateurs dans la nourriture avait fini par rendre les organismes imputrescibles. Les cimetières étaient désormais pleins de ces momies d'un nouvel âge, préservées du temps, non par le culte et les onguents, mais bien par l'industrie agroalimentaire. Pour l'éternité, son corps embaumé exhalerait donc des parfums subtils, des essences rares, comme les reliques d'un saint. *Citrus maxima martyrium.*

À l'extérieur, la nuit noire était maintenant tombée, toile de fond uniforme et tailladée par l'électricité. La foule toujours aussi compacte s'agglutinait devant la vitrine, éclairée comme en plein jour par les ampoules halogènes. De part et d'autre, les individus s'observaient en silence. Quel était le spectacle et qui étaient les spectateurs ? Il regarda son accompagnatrice. Ne sachant pas exactement quel personnage elle incarnait, il se sentait bien incapable de lui donner la réplique. Les codes visuels étaient à réinterpréter pour se comprendre. Elle n'était pas ce qu'il croyait être une soubrette. Il n'était sans doute pas non plus ce qu'elle pensait être un étranger. La barrière de la langue n'était décidément pas la plus infranchissable.

— *Do you speak English* ?, lui demanda-t-il à tout hasard.

— *I... no... speak English*, répondit-elle.

Il regarda sa montre et réalisa qu'il était encore très en avance par rapport à l'heure convenue. En pénétrant la nuit, la lumière artificielle faisait coaguler le temps. Si l'on avait maîtrisé le feu, c'était bien pour s'affranchir du rythme naturel. La serveuse lui sourit et il esquissa un rictus embarrassé en retour. Mais qu'est-ce que je fous là ?, se demanda-t-il en sirotant son breuvage aux agrumes.

Il essaya de passer en revue les jours qui venaient de s'écouler, son arrivée à Narita après douze heures de vol au-dessus de la Sibérie septentrionale, ses déambulations au temple Kaneiji, le coup de fil en français, le rendez-vous. « Un endroit typiquement japonais. » Il comprenait maintenant, bien sûr. Une image le hantait. Elle était partout présente, depuis des années. Les surfaces vitrées, les liquides miroitants étaient des pièges dans lesquels il s'abîmait régulièrement. Il allait enfin pouvoir tordre le cou à cette vieille histoire, régler ses comptes, dormir... Il regarda la fille en face de lui et comprit qu'elle n'existait pas véritablement. Elle n'était que le support provisoire d'une image qui, pour lui, n'avait même pas de signification. Il songea à l'autre image. Pourquoi son père l'avait-il guidé jusque-là ? Non, c'était le destin, ou bien seulement la persévérance, qui l'avait animé pendant toutes ces années, l'obsession. Il regarda de nouveau la fille et se demanda s'il ne contemplait pas finalement un tableau, encore un tableau. C'était plutôt rassurant. Faisait-il lui aussi partie du cadre ? Il songea à cette toile, *L'Amazone*, qui l'avait attiré par-delà les guerres et les océans, comme une ancienne maîtresse, la plus mystérieuse de toutes les Parques. Chaque fois qu'il regardait une femme, inévitablement, il songeait à *L'Amazone*. Tout se dissolvait peu à peu dans la nuit. Les songes étaient comme ces flocons de neige qui s'évanouissent une fois touché le sol. Se souvenir c'était vaincre l'autodafé, ramener les morts, éteindre l'incendie qui consumait tout, les corps, les livres et les tableaux. *L'Amazone* elle-même avait une histoire si obscure, si tortueuse.

Enfin, arrivé au bout de sa quête, il doutait maintenant de sa nécessité. La ville n'était finalement qu'un décor illusoire, un de plus, mais la mort, quant à elle, restait une réalité inébranlable. Avait-il accompli tout ce chemin pour s'y résoudre ? Regarder la neige tomber, écouter le bruit continu des voitures sur la chaussée mouillée. Ses sens cherchaient à organiser le hasard, les collisions imprévisibles. Son père, le tableau, Tokyo, la mort. Les mots formaient comme un mantra auquel se raccrocher, une neuvaine, dont les syllabes s'entrechoquaient sans relâche, bruit de fond à la densité spectrale uniforme. Il observait son interlocutrice muette, scrutait la foule sans pouvoir fermer les yeux. Il lui fallait maintenant prendre du repos, guérir, s'effondrer et se dissoudre. Il devait ramener le fond à la surface, se souvenir encore une fois, en vrac, pour tout oublier ensuite.

Bien sûr, Pascal avait étudié l'histoire de l'art. Son père était peintre et le centre exclusif de son cercle familial. Le désir de mimétisme aurait produit une concurrence trop rude. Il avait donc fallu contourner l'obstacle, rester dans la sphère paternelle, sans toutefois produire de compétition malsaine. Le geste lui étant interdit, il avait envahi la marge. C'est dans la poussière des bibliothèques et des archives qu'il devait donc grandir. Une vie tout entière destinée à la préservation, au patrimoine. Dans un monde où l'obsolescence est programmée par le commerce, il attachait une attention particulière aux témoignages historiographiques. Les tableaux le fascinaient par leur capacité à s'extraire du temps ordinaire. Il s'agissait d'objets secrètement destinés à lier les générations. Ils contenaient en quelque sorte les vies de ceux qui les avaient possédés tout au long de l'histoire. Lorsque Pascal regardait un tableau, il voyait, avant tout, une succession.

Tout avait basculé lorsque son camarade d'université, Jérôme Pedretti, lui avait exposé les propriétés singulières du papier thermique. Les rouleaux qu'on utilisait alors dans les fax s'imprimaient en bavant, dégradant ainsi la qualité du document original. En vieillissant, les textes jaunissaient et finissaient même par disparaître. L'encre sympathique, tout d'abord invisible, apparaît à la chaleur de la flamme. Au contraire, les fax produisaient, grâce à la chaleur, des signes qui s'évanouissaient ensuite. Ils hésitèrent un moment à baptiser leur projet Antipathique, puis optèrent plus simplement pour Artefax. Ils s'associèrent à des étudiants des Beaux-Arts qui leur produisirent des dessins destinés à la transformation mécanique. Il s'agissait de diffuser les œuvres par le biais du téléphone et d'observer leur modification au fil de leur trajet. On ne savait jamais à l'avance ce qui allait sortir de la machine. Ils commencèrent à dresser des listes de correspondants. Au fil de ces chaînes improvisées, les différents intervenants allaient participer au processus créatif. Ils inondèrent alors les grandes entreprises, joignant à leurs dessins une brève notice explicative. Leurs idées se propageaient ensuite du courrier à la comptabilité, du contentieux au marketing. Au bout de plusieurs semaines parfois, l'œuvre collective finissait par leur revenir, riche de transformations accidentelles. Ils la laissaient ensuite se dégrader plusieurs mois à la lumière du jour, jusqu'à ce que l'encre soit devenue orangée et le papier buriné comme un antique parchemin. Ils arrêtaient ensuite le phénomène d'altération en photocopiant le résultat sur du papier glacé puis l'encadraient. Au bout d'un an, ils avaient réuni suffisamment de matériel pour organiser une exposition. Ils envoyèrent alors des invitations à tous ceux qui avaient participé à leur projet. Dans les entrelacs brunis, les taches de Sienne, toutes ces sanguines délavées par le soleil, Pascal voyait un résumé sidérant de ce qui faisait pour lui la valeur d'une toile de maître, c'est-à-dire la transmission, ce voyage dans le temps. Leur procédé n'avait rien à envier aux dégradations longues et laborieuses qui patinaient depuis des siècles les glacis du Louvre. Le fax leur avait permis d'accélérer le processus de vieillissement de l'œuvre, mais également de la faire voyager au fil d'une suite de dématérialisations. Chaque fois qu'une de leurs images émergeait d'un télécopieur, elle renaissait au monde, plus forte d'une nouvelle étape franchie avec succès. C'était une petite victoire de la chose sur le néant. Sous chaque cadre, ils avaient inscrit la liste des passeurs qu'ils appelaient également « maillons » et une carte sur laquelle était tracé le parcours géographique suivi par le dessin. L'œuvre apparaissait donc comme un résultat, mais aussi comme un parcours. Cette trajectoire unique formait une nouvelle œuvre, parasitaire. Le fil couvrait alors de longs espaces rectilignes, avant de bifurquer soudainement près d'une côte, ou bien d'une ville. Il se recroquevillait parfois en une infinité de minuscules segments. On le voyait se détendre ensuite par-dessus les océans et les chaînes de montagnes, comme le sillage laissé dans le ciel par un avion de ligne. Évidemment, seule une fraction de ces projets finissait par aboutir. Le plus souvent, la chaîne s'interrompait. Des travaux qui ne revenaient jamais à leur point de départ et se perdaient dans les méandres du réseau, on pouvait toutefois contempler les originaux. Ces dessins qui ne portaient aucun fruit étaient alors accrochés dans une section particulière de la galerie qu'ils avaient baptisée « L'Avortement ».

L'exposition eut un succès considérable. Il fallut dans l'urgence songer au commerce et fixer des prix de vente. Ce qui à l'origine n'était qu'un simple divertissement cérébral pour étudiants désœuvrés devint du jour au lendemain une source de revenus et de notoriété. Ils firent part égale avec les artistes qui avaient produit les dessins, puis s'interrogèrent sur la nature de ce qui venait de se produire. Jérôme et Pascal se rendirent compte que leur drôle de créature, car ils lui refusaient le nom de création, avait toutefois changé leur vie. Se sentant l'un comme l'autre incapables de récidiver un tel exploit et peu désireux de reprendre leur vie estudiantine, ils durent finalement se résoudre à entreprendre. Pour des raisons différentes, ils refusaient de se voir comme des artistes, mais admettaient volontiers avoir le sens des affaires. Avec l'argent de la vente, ils louèrent alors un espace qu'ils transformèrent en galerie d'art. Les débuts furent néanmoins difficiles. Les antiquités trop onéreuses étaient réservées aux grands musées et c'est tout naturellement qu'ils se tournèrent vers l'art contemporain, un créneau comme un autre pour débuter. Après une dizaine d'années de vicissitudes matérielles, Artefax était finalement devenu une galerie renommée, mais également un magazine mensuel et une petite agence de presse dédiée aux coulisses du marché de l'art.

Chaque matin, Pascal se rendait à la galerie, située rue Elzévir. La poussière tant promise avait dû faire une large place aux paillettes. Il était déjà loin le temps où il se rêvait en gardien du temple, errant la nuit tel Belphégor dans les réserves du Louvre. La réalité triomphait. Il avait fallu faire une croix sur l'École des chartes. Jérôme et lui étaient devenus des marchands. Le plus clair de leur temps était désormais consacré à la recherche de productions pour le moins étranges qu'ils faisaient venir des quatre coins du monde. La recette qui leur avait permis de débuter semblait ne pas vouloir se démoder. Le public était friand de nouveautés. Dans le Landerneau des arts plastiques, le magazine était même devenu une référence. Il leur permettait de promouvoir les artistes qu'ils comptaient exposer et donc d'accroître leur propre notoriété. L'agence, quant à elle, vendait par abonnement à de prestigieux clients un condensé hebdomadaire des transactions internationales. Se positionnant tout à la fois comme acteur et arbitre du marché, Artefax occupait une position stratégique qui permettait à ses créateurs d'envisager l'avenir avec sérénité.

Jérôme, comme chaque matin, l'attendait en haut de l'escalier, un mug de café clair dans une main, son téléphone portable dans l'autre.

— Regarde un peu ce que j'ai trouvé, c'est un type en Arizona qui barbouille les cactus avec de la peinture phosphorescente, de manière à ce que, vues d'avion, des lignes apparaissent la nuit dans le désert, comme les géoglyphes de Nazca…

— Tu me fais voir ?, lui demanda Pascal en se saisissant des tirages. C'est pas mal…

— On pourrait lui proposer une expo photos et on ferait venir des cactus géants. On les mettrait sous la verrière.

— J'achète ! C'est des motifs abstraits ? J'arrive pas à voir…

— Ah, non pas du tout, c'est figuratif. Regarde, là, si tu fais attention… eh bien c'est un phallus.

— Un phallus ?

— Une bite, quoi, t'en as jamais vu ? Me regarde pas comme ça, les Incas en dessinaient déjà plein, sauf que là, en plus, il y a un côté retour de la masculinité, virilité assumée, tu vois ? L'artiste fait partie de ce nouveau mouvement, Les Vrais Hommes en Colère, qui manifeste contre les circoncisions médicales pratiquées en masse dans les années 1960. Ils militent pour le retour du prépuce, ou quelque chose comme ça, est-ce que je sais moi ? Enfin bref, on a l'aspect archaïque, ancestral, le *land-art* monumental, et la revendication politique.

Un peu comme si… Christo faisait un film X avec une tribu Guarani, tu vois ? Oh, je crois que je tiens un concept là, tu le notes ça, le coup de Christo avec les Guaranis… Sauf qu'il voudra jamais, c'est sûr !

Pascal s'assit à son bureau, une planche de verre trempée posée sur des parpaings nus. Dans leur tandem, Jérôme s'occupait principalement des relations avec les artistes, Pascal quant à lui séduisait les clients et faisait les ventes. Il alluma la lampe fixée sur la tranche de la table et commença à dépiauter le courrier. Il mit de côté une invitation pour une exposition au musée Guimet et tenta de se concentrer sur les factures. Derrière Jérôme, autour du puits de lumière, le personnel de l'agence s'affairait déjà. On récoltait la moindre parcelle d'information. Tout événement était digne d'intérêt à condition d'être recoupé et mis en perspective. Au fil des années, cette politique avait rendu l'offre de l'agence plus que crédible à l'international. Il ne suffisait pas de savoir qui avait acheté quoi pour combien. Appréhender le marché nécessitait à la fois observation et interprétation. Il fallait trier le bon grain de l'ivraie, distinguer l'épiphénomène de la tendance de fond. La spéculation faisait rage. Dans la jungle des trouvailles, des expertises et des enchères, il avait le sentiment parfois d'être un éclaireur à la solde de nouveaux conquistadors. Un revirement boursier avait transformé le petit monde des arts plastiques en refuge pour les fortunes vite acquises. Il fallait aiguiller les investisseurs désireux de faire un placement à court ou moyen terme. Bientôt l'immobilier referait surface, puis ce serait à nouveau le tour des actions et des obligations. Pascal voulait vendre vite et cher avant que l'engouement passager des oligarques russes et des magnats d'Internet ne se détourne vers de plus radieux horizons. Son travail consistait donc à rassurer les clients potentiels. Il était surprenant de voir à quel point ces gens, pourtant habitués aux risques plus ou moins calculés, pouvaient en définitive s'avérer frileux, lorsqu'il était question d'un tableau ou d'une sculpture. Ce côté-ci du monde leur était étranger. Il cherchait donc à parler leur langage, évoquant tout aussi bien les ratios, les « débordements de résistance », que les « consolidations sur le support » pour parler d'un peintre au talent prometteur. On venait de loin pour l'entendre utiliser ce jargon emprunté au *Financial Times*. Contrairement à beaucoup de ses collègues galeristes qui privilégiaient l'attitude bohème, le foulard noué autour du cou et le verbiage vaguement pictural, il cherchait moins à impressionner son auditoire qu'à le convaincre. Lorsqu'il se livrait à une analyse graphique, ce n'était pas pour parler d'une courbe au fusain, mais bien d'une courbe de croissance. Ses clients fidèles le remerciaient alors pour leur avoir fait découvrir cet univers qu'ils croyaient obscur.

Enfin, tout devenait clair. Il ne s'agissait en définitive que d'argent et l'universalité de ce langage était pour eux bien plus qu'un réconfort. Pascal était pragmatique. Son intérêt pour les artistes et leurs œuvres était sincère, mais il savait par expérience que la sensibilité est intransmissible. Il avait affaire à des millionnaires un peu bornés et traitait avec eux sans mépris, de la manière la plus simple possible. Pourquoi se voiler la face ? Il exposait pour son plaisir et vendait parce qu'il était doué pour cela. Il y avait bien certains clients qui, plus roublards ou plus snobs que leurs congénères, faisaient mine de s'intéresser au galbe d'une compression, aux couleurs d'une toile de Rothko. Ils jetaient alors dans la conversation quelques noms obscurs, comme on jette un peu mollement du pain à un canard pour l'attirer près de la berge. Ceux-là étaient pires que les autres. Il préférait de loin parler argent avec de fortunés incultes que peinture avec ce type de singes savants. Ils recrachaient une bouillie informe, apprise par cœur en tendant l'oreille dans les cocktails. Ceux-là, Pascal les laissait volontiers à Jérôme qui les embobinait délicatement dans un cocon duveteux de plaisanteries ineptes et de connivence. Il s'avérait particulièrement doué pour ce type d'opération. Jérôme avait toujours envisagé la vie en termes de potentialités et de ressources exploitables. Il était de la trempe des chercheurs d'or. L'appétit était sa seule contrainte, le dégoût, un horizon jamais atteint. Dosant l'obséquiosité avec parcimonie, maniant un vocabulaire de circonstance, il savait élever son Monsieur Jourdain jusqu'à des altitudes où, enfin privé d'oxygène, celui-ci faisait un chèque pour retrouver son souffle.

Tania lui apporta une pile de journaux, des lettres à signer. Elle était russe et, à l'occasion, leur servait d'interprète. Bien que son français fût impeccable, ses véritables origines étaient trahies par un charmant accent qu'il la soupçonnait d'entretenir. Jérôme sautillait sur son siège, jonglant avec son téléphone, renversant son café sur les dossiers de presse qui s'étalaient devant lui. Il fallait boucler la maquette du magazine de juin.

Au cours de cette expansion progressive, Pascal avait découvert et vendu des œuvres dont l'unique qualité était la nouveauté. Les siècles écoulés, ainsi que la conscience bourgeoise, avaient contribué à une accumulation artistique sans précédent. La création des grands musées nationaux au XIXe siècle avait parachevé ce travail d'empilement, générant une réserve quasi inépuisable de courants et de styles. Les richesses du passé étaient désormais connues, exposées, décortiquées à loisir. Cette diversité infinie aurait paralysé l'imagination la plus fertile et la plus enthousiaste. Tout était là, sous les yeux du public, contenu dans un cercle gigantesque et en perpétuelle expansion. Que restait-il au créateur d'aujourd'hui ? Il était impossible de feindre l'ignorance. Même l'art brut était devenu une escroquerie. Le passage aux Beaux-Arts ne marquait plus, comme jadis, la frontière entre les artistes conscients de leur héritage et les novices aux aspirations innocentes. Il suffisait de quelques minutes sur Internet pour perdre son pucelage. Les campagnes les plus isolées ne faisaient pas exception. Si l'exotisme avait pu, durant une brève période, satisfaire ce besoin naturel d'air frais, il était désormais trop tard. La culture était globale, le marché de l'art aussi. La nouveauté était devenue une denrée rare, extrêmement précieuse, dont Artefax entendait par conséquent faire commerce. L'idée même de beauté paraissait obsolète. À quoi bon s'obstiner après Michel-Ange et Dali ? Les machines aussi pouvaient prétendre à une beauté, certes aléatoire et binaire, mais souvent convaincante pour les sens. Peu importait le résultat pourvu qu'il y ait une idée. Seule comptait à présent l'intention. Ce qu'il fallait avant tout, c'était creuser une veine encore inconnue, avoir un concept original, se démarquer du voisin par un procédé quelconque. Une fois la beauté considérée comme ringarde, le support avait sombré au profit de son explication. Duchamp, en rejetant la responsabilité esthétique sur le spectateur, avait mené le monde au relativisme absolu qui conduit invariablement au cynisme. On vendait désormais des modes d'emploi. Pascal et Jérôme, eux-mêmes à l'origine d'une de ces inventions, étaient parfaitement conscients du phénomène et donc de ses arcanes. Ainsi, la galerie avait écoulé au fil du temps moult crucifix en altuglas fumé, des fientes de mouches agglomérées, des cerises griottes dont la particularité était justement de ne pas en avoir, des aspirateurs plaqués or, des arêtes de cube sans cube, de l'air autrefois contenu, mais libéré de son contenant et bien d'autres extravagances. L'originalité, en tant que credo, engendrait une surenchère inévitable.

Pascal se souvenait d'un vernissage dans une galerie voisine où, par ignorance, une spectatrice bien intentionnée, mais peu au fait des usages, avait félicité le peintre en le comparant à Georges Braque. Totalement dévasté par cet affront, dont la cruauté n'avait d'égale que la candeur, l'artiste s'était excusé un moment. Il était ensuite revenu parmi ses invités, un jerrycan d'essence à la main puis s'était rendu sur le trottoir avant de s'immoler par le feu. La foule enthousiaste avait d'abord cru à une performance. On s'était précipité dans la rue, pour assister au spectacle, hurlant au génie, se piétinant les escarpins Prada dans un nuage épais de Vogue menthol. Progressivement, les applaudissements avaient dû faire place à l'effroi. Plusieurs minutes s'étaient tout de même écoulées, avant que l'on veuille bien admettre la tragique réalité. Les cris d'encouragement s'étaient alors mués en grognements de stupeur, puis en silence. Dans les mois qui suivirent, la cote du grand brûlé atteignit des sommets. On se moquait finalement bien de l'originalité puisque l'engagement du créateur semblait total. Qui aurait osé mettre en doute une conviction si profonde ? Dans cette époque dénuée de tout romantisme, où il eût été insensé de vouloir mourir pour une femme, se tuer à cause d'un tableau était du dernier chic.

La peinture se vendait pourtant mal. Il en était de l'art comme de la mode féminine. Les jupes longues raccourcissaient. Le noir, un moment proscrit, s'imposait à nouveau. Les bottes, encore incontournables hier, étaient soudain ridicules. La peinture, quant à elle, était devenue désuète, légèrement surannée. On n'accrochait plus rien sur les murs que des écrans plasma. Ne parlons même pas des grands formats qui vous transforment en moins de deux une salle à manger en dépotoir. Il eût été inconcevable de privilégier l'intérêt artistique à la décoration intérieure. Aussi, pourquoi insister dans une voie déraisonnable ? On tolérait assez bien le dessin, à condition qu'il soit de taille modeste, mais rien ne valait une œuvre vidéo qu'on peut ranger dans sa boîte une fois montrée à ses amis. Il avait donc fallu s'adapter. Pascal, à son grand regret, n'invitait plus qu'épisodiquement les peintres dont il estimait le travail. Il les incitait même à changer leur fusil d'épaule, en attendant que le vent tourne. Les supports hétéroclites étaient les bienvenus. On cherchait activement des sculpteurs sur mozzarella, des modeleurs de choucroute, des récupérateurs de déchets et des concasseurs d'autobus. Pascal venait de finir l'accrochage d'une composition faite de centaines de Post-it collés les uns aux autres en une gigantesque mosaïque et que l'artiste avait sobrement intitulée *Les Successions*. Chaque petit carré jaune contenant un dessin, un bout de phrase, un gribouillis fait d'écriture dénouée, venait se fondre dans un ensemble plus vaste, cadavre exquis, touchant par sa fragilité.

Reprenant peu à peu ses études là où il les avait laissées, Pascal était devenu sans s'en rendre compte une sorte d'archiviste amateur. Il est des vocations qui perdurent en dépit des aléas économiques. Loin du Louvre, il devait également exister un devoir de mémoire, une nécessité de la préservation. L'idée même de musée avait largement débordé de son cadre institutionnel, se répandant comme du lait oublié dans toutes les strates de la société. Il étudiait donc ce qu'il avait sous la main et tâchait de garder une trace raisonnée, organisée, de son univers quotidien. Il se voulait témoin. Parallèlement à ses activités professionnelles, il se distrayait des contraintes de la galerie en glanant les propos et les situations loufoques. Entre ses propres expositions, celles de ses collègues et les recherches menées dans le cadre de l'agence, il avait fini par collecter un grand nombre d'anecdotes et de documents concernant les productions les plus étranges. Il stockait ses trouvailles dans un énorme classeur, qui au fil des années s'était subdivisé en plusieurs tomes, eux-mêmes constitués de chemises et de sous-chemises. Ce travail secret, dont seul sa femme et Jérôme avaient également connaissance, se voulait rationnel et savamment orchestré. Chaque nouvelle pièce du puzzle venait s'inscrire à la place qui était sienne, sur une des branches de cet arbre généalogique d'un genre particulier. Il pouvait ainsi retracer la filiation, même obscure, qui unissait les mâcheurs de papier aux excavateurs d'ordures, les badigeonneurs d'urine aux modeleurs de foie gras, les rectilignes monochromes aux pointillistes achromatiques. Sans même s'en rendre compte, il luttait à sa façon contre le désir d'originalité, tissant des liens, nouant des fils, faisant apparaître des éléments de comparaison. Des étagères émergeaient à présent toute une classification, une famille. Il songeait qu'un jour, ce travail patient et minutieux pourrait devenir un livre, son grand œuvre, un dictionnaire thématique de l'art conceptuel au début du XXIe siècle. C'est pourquoi cette nouvelle acquisition, constituée de Post-it, l'avait tout de suite intéressé. Il y voyait une transposition graphique de ses propres recherches, une créature chimérique faite d'éléments disparates et pourtant coagulés, l'ébauche d'une réalité future. Il lui semblait qu'avec le temps, l'accumulation finirait bien par avoir un sens, une direction. Les classeurs ne seraient plus alors une somme indigeste et méthodique d'informations, mais au contraire un objet homogène, une prophétie peut-être.

Curieusement, l'étrangeté de son époque résidait aux yeux de Pascal dans l'absence de divergence. Les efforts menés pour se singulariser généraient un résultat diamétralement opposé. Bien entendu, on trouvait encore quelques croûtes figuratives dans les brocantes et sur les marchés aux puces. Toutefois, la peinture amateur, elle aussi, tendait à la suprématie de l'idée sur la technique. On vendait de l'abstraction en hypermarché. Le gouffre séparant depuis toujours l'avant-garde des valeurs moyennes se comblait inexorablement. Les ménagères, sans le savoir, développaient des goûts parnassiens. Tout semblait converger vers un but unique, la digestion du monde par les blasés. Il existait cependant, au sein même d'un ensemble de valeurs universellement admises, des événements atypiques. Pascal recherchait ces anomalies, tamisant le flux d'informations qui lui parvenait pour en extraire la quintessence. Pour lui, ces ratés formaient sans doute les bribes d'un langage encore incompréhensible, dont la grammaire restait à découvrir. À l'instar de ces astronomes qui, à l'écoute des étoiles, tentent de trouver un message intelligible en provenance de l'espace, il faisait émerger du brouhaha mondial des éléments inhabituels à interpréter. Pour lui, qui ne croyait en rien, c'était presque une forme de mysticisme. Trônant au cœur de la classification, dans une catégorie à part et encore sans nom, les anomalies donnaient à l'ensemble sa raison d'être et son équilibre, telle une clé de voûte.

Pascal semblait obsédé par l'idée de la perte. Il lui fallait garder les êtres chers et les objets dans son périmètre immédiat. Il y avait tout autour de lui comme une zone de disponibilité dans laquelle entraient les richesses humaines et matérielles. C'était une plage qui l'isolait des courants du large, où croupissaient les épaves de relations éternellement moribondes et les tickets de métro usagés. À tout moment, il était susceptible de raviver le passé, de renouer les liens distendus. Il ne le faisait toutefois que très rarement, lorsqu'il sentait la séparation imminente et l'effort par conséquent indispensable. Ce qui lui plaisait avant tout, c'était la possibilité. Les anomalies, elles aussi, formaient un *no man's land* dans l'histoire de l'art, une zone tampon qui semblait protéger la raison de révélations mystérieuses. L'absence de sens représentait un défi, une piste. Derrière cette apparente confusion devait nécessairement se dissimuler quelque chose d'important, de crucial. Il fallait observer.

Tout d'abord, il y avait eu les téléviseurs de Takada Matsuhiro. Celui-ci avait été invité par une grande galerie parisienne à venir présenter une installation au mois de mars 2002. C'était un artiste obsédé par le langage et sa dépréciation. Il lui semblait que le sens des mots, aussi bien que le sens de la création en quelque sorte, s'atténuait avec le temps comme si les formes de communication perdaient de leur intensité avec l'usage. L'échange d'information provoquait immanquablement une déperdition, un amoindrissement de la signification. Le langage intact, celui qui véhicule la totalité des émotions, était pour lui un langage impossible. L'action engendrait la perte. L'installation consistait donc en une multitude d'écrans, dont la diversité retraçait l'évolution de la technologie. On y trouvait pêle-mêle des draps tendus sur lesquels projeter de vieilles bobines, des kinétoscopes d'Edison munis d'une fente où s'éblouir, d'antiques postes de télédiffusion aux écrans ronds, jusqu'aux télévisions extra-plates les plus récentes. Sur tous ces supports, l'unique image disponible était celle de la neige crépitante, perpétuellement identique et pourtant toujours en mouvement. L'œuvre était le produit aléatoire d'une collision de photons, insignifiante au sens propre. Tous ces dispositifs, destinés à nourrir le regard, n'offraient à voir que le crachin si caractéristique de la fin des programmes, le pointillisme d'un Seurat frappé par l'entropie. C'était une forme de chaos brownien, bruit blanc, exposition littérale du moins que rien. Le gotha accourut, bien sûr, en quête de sens. On cherchait malgré tout à voir l'invisible, à entendre l'inaudible. La conscience a tant de mal à concevoir le vide. Il faut bien qu'il y ait une vie après la mort, une image pieuse au milieu des *cornflakes*, quelque chose bon Dieu, plutôt que rien du tout. L'échec du langage était un constat trop cruel pour l'habitué des vernissages. Il devait y avoir un message caché derrière l'apparente confusion des parasites. Ce refus catégorique du néant se solda par un acte de foi qui devait bouleverser le paysage artistique tout entier. Une journaliste en jupe à carreaux finit par voir quelque chose au milieu des scintillements électrostatiques. Comme dans ces livres d'images où le regard, convenablement entraîné, fait émerger du fouillis coloré une forme en trois dimensions, la pugnacité de la journaliste avait fait surgir une silhouette du brouillard. Les curieux qui l'entouraient répondirent à son appel. On pressa Matsuhiro d'expliquer le phénomène. Comment avait-il pu dissimuler une image de la Vierge derrière l'apparente commotion des flocons ? Il s'exclama devant l'idiotie du public qui dénaturait complètement le sens de son travail, en imaginant des choses là où il n'y avait précisément rien. Tout était donc à refaire. Une fois convaincue de son innocence, la foule excitée se rendit de plus belle vers le téléviseur incriminé. Certains spectateurs tombèrent alors à genoux, d'autres se signèrent en récitant un Ave Maria. Matsuhiro voulut en avoir le cœur net et fixa lui aussi l'écran qu'il avait disposé dans une sorte de niche, à même le mur de la galerie. Le grésillement noir et blanc restait à ses yeux impénétrable, opaque. Il assistait donc à une scène d'hystérie collective des plus troublantes. Il se mit à scruter la foule.

Plusieurs semaines s'écoulèrent. Les chaînes de télévision du monde entier avaient assiégé la rue du Prince-de-Sicile. On avait placé des barrières métalliques devant la galerie afin de canaliser le flux des visiteurs. Matsuhiro se terrait quelque part dans Paris, son agent refusant catégoriquement de divulguer ses coordonnées. Dépassé par l'ampleur du phénomène et déprimé par ce qu'il considérait comme un échec personnel, il préférait rester seul. Des milliers de personnes se pressaient chaque jour afin d'apercevoir la divine apparition, de toucher l'écran ne fût-ce que quelques secondes. Une légation papale était même attendue dans l'espoir que le miracle fût confirmé par les autorités apostoliques. Bien sûr, le galeriste, surexcité par cette publicité inattendue, y était pour quelque chose. Certains malades se disaient guéris depuis l'apparition, si bien que le maire de Lourdes était intervenu pour dénoncer cette concurrence indigne et déloyale. D'autres adorateurs disaient avoir entendu la Vierge leur parler très doucement à l'oreille, comme un murmure au cœur du chuintement. La presse de gauche s'insurgeait devant ce qu'elle appelait une mystification électronique. La presse de droite y voyait plutôt un changement de support inhérent à l'omnipotence divine. On était passé de la grotte à l'écran de télé, la sainte Trinité s'adaptant naturellement à son public au fil des âges. Qu'y avait-il après tout de plus naturel ? Puis, l'apparition retourna subitement d'où elle était venue. Le nombre de visiteurs déclina sensiblement, mais le galeriste réussit tout de même à vendre l'installation pour un prix astronomique, comme une relique, un témoignage de l'événement surnaturel. L'Église, quant à elle, refusa de se prononcer avec certitude sur cet épisode mystique et néanmoins télévisuel. Dans le doute, on s'abstenait. Les voies du seigneur restaient décidément impénétrables.

Pascal avait également un attrait particulier pour les déboires de l'artiste napolitain Giacomo Sirineli qui s'était vu gratifié d'une rétrospective au Palais de Tokyo. On avait fait venir, de nombreuses collections privées, ses origamis grandeur nature d'éléphants, de girafe et d'ours polaires. Il y avait là tout un véritable zoo de papier qui nécessitait un plateau de mille mètres carrés. Le WWF étant partenaire de l'exposition, on avait profité de l'occasion pour sensibiliser le public au sort peu enviable des espèces menacées. Le soir de l'inauguration, les amis de la nature et les amateurs de pliage s'étaient rendus en tenue de soirée jusqu'à l'avenue du Président-Wilson. Sirineli en personne accueillit les invités près d'un immense buffet. Pour l'occasion, il s'était grimé en explorateur du XIXe siècle, portant casque colonial à bride, chemisette et bermuda beiges, chaussettes de laine kaki et chaussures de golf. En bandoulière, il arborait fièrement un fusil de chasse Lang & Song à crosse ouvragée, tandis qu'une cartouchière de cuir lui barrait la poitrine. Pendant que les invités et les pique-assiettes mondains se ruaient avec avidité sur le buffet Fauchon, le commissaire de l'exposition somma Sirineli de déclarer la manifestation officiellement ouverte. Il l'invita, pour ce faire, à prendre place devant le micro. Le Napolitain se dirigea timidement vers la tribune et fixa son auditoire surpris en pleine déglutition. Les réserves de champagne s'annonçaient d'ores et déjà insuffisantes et la peur du manque avait rapidement entraîné un mouvement de panique en direction du bar. Derrière la foule, se trouvaient les œuvres de papier, les rhinocéros de kraft, les hippopotames de calque et les sauriens-crépon rampant à même le sol dénudé du Palais. Il s'apprêtait à ouvrir la bouche, lorsqu'un mouvement imperceptible attira son attention. Quelque chose au loin venait de bouger. Il en était sûr ! Il regarda attentivement le fond de la salle, là où l'on avait suspendu les créatures ailées, condors, gypaètes et chauves-souris. Les invités, pourtant affairés autour des pains surprises, commencèrent à trouver le temps long. Qu'attendait-il donc, juché sur son podium, pour annoncer l'ouverture ? Quelque chose fonça sur lui, plus rapide que l'éclair, et lui frôla les cheveux. Il l'évita de justesse par un mouvement spasmodique du bras. Le volatile revint sur lui. Il distingua cette fois nettement la nature de l'agresseur. Pigeon-papier-canson, pensa-t-il. Les rares spectateurs encore attentifs se figèrent, regardant le petit homme déguisé en Livingstone agiter les bras de manière frénétique comme pour chasser une mouche invisible. Ses contorsions s'amplifièrent au fur et à mesure que les pliages se détachaient du plafond pour lui plonger dessus. Le brouhaha qui animait le bar subit un decrescendo dramatique. Tous les yeux étaient à présent braqués sur le podium où s'agitait l'artiste en proie à une crise de démence. Soudain il se mit à crier : « *Stronzo piccione* ! » C'est alors que les fauves et les pachydermes se mirent en mouvement, faisant retentir dans le grand hall leurs cris sauvages et gorgés de haine. Il s'empara du fusil qu'il avait à l'épaule, fit glisser deux cartouches de calibre douze dans la chambre, puis tira en direction des bêtes féroces qui, du fond de la salle, se ruaient maintenant sur lui. L'assistance, tout d'abord médusée, ne mit pas plus d'une seconde avant de se précipiter vers la sortie en hurlant. Les robes de soirée et les talons aiguille étaient de sérieux handicaps dans la lutte pour la survie. Les femmes se retrouvèrent vite distancées par leur conjoint et donc exposées au feu nourri du chasseur. Sirineli, décidé à vendre chèrement sa peau, avait ensuite renversé l'une des tables du buffet puis, s'abritant derrière celle-ci comme derrière des sacs de sable, rechargeait son arme avec précision et efficacité, attendant la prochaine vague d'assaut.

Le GIGN dut finalement intervenir pour maîtriser le forcené, retranché à l'intérieur du Palais. « J'ai quand même eu ce putain de lion ! », déclara-t-il fier de lui aux curieux qui s'étaient amassés près des cars de police. Fort heureusement, on n'eut à déplorer aucune victime de l'incident, mais seulement quelques blessés dus à la bousculade. Sirineli devait entamer un très long séjour en hôpital psychiatrique qui mit un terme à son œuvre, ainsi qu'à sa carrière.

Comme le cours d'une action, la cote d'un artiste fluctue en fonction de critères irrationnels. Les faits divers profitent à certains et nuisent à d'autres, sans que l'on puisse déterminer pourquoi. Les marchands d'art, craignant peut-être un mimétisme contagieux en cas de hausse inopinée, se mirent à brader les stocks. Nul ne comprit jamais la nature de son geste. Après enquête, le Lloyd's de Londres finit par rembourser les propriétaires des œuvres détruites, ainsi que les organisateurs de l'exposition. Pour finir, un grand quotidien du matin titra, non sans ironie : « Nous sommes tous des tigres de papier ».

Tokyo l'obscure était souillée par la clarté des phares. La lumière fut et le regard naquit avec elle.

Dès qu'il y eut quelque chose à regarder, il y eut également quelqu'un pour le faire. Depuis l'intérieur du *Kosupure*, Pascal observait la rue et son grand défilé. La serveuse qui le dévisageait encore était de toute évidence disposée à l'écouter. Au début, il avait trouvé cette situation plutôt embarrassante. Les humiliations de l'adolescence lui revinrent alors en mémoire. Il était de nouveau frappé par cette timidité qui l'avait tant fait souffrir à un âge où l'on ne pardonne pas. Il n'avait jamais ressenti la moindre nostalgie pour sa jeunesse. Pourquoi fallait-il plaire, toujours succomber à la tentation de la norme ? Maintenant, il devait dire quelque chose, n'importe quoi. Elle l'encourageait même du regard, souriant avec bienveillance. Il réalisa que la barrière de la langue le protégeait enfin du ridicule.

— J'aurais dû y songer plus tôt, lui déclara-t-il, séduire une étrangère, c'est s'attacher à l'étrangeté...

— *Haï* !

— Vous allez me demander qui je suis, ce que je fais là...

— *Haï* !

— Oui, ça ne va pas être simple... ou plutôt si, peut-être que pour la première fois... Je m'appelle Pascal Klein.

— *Haï* !

— Je suis ici parce que je cherche un tableau qui a disparu il y a très longtemps. Les tableaux, c'est plutôt mon rayon généralement. En fait, pour tout vous dire, j'en vends, ou bien plus exactement j'en vendais, quand c'était la mode. Maintenant, je vends d'autres choses, des idées. Ça n'a pas vraiment d'importance. Cette toile, je ne l'ai jamais vue qu'en photo. Je l'ai cherchée partout, j'ai fait mon enquête, j'ai remué ciel et terre. Pourquoi ? Parce qu'elle touche à l'histoire de ma famille, à quelque chose d'intime, qui me rapproche des morts, voilà pourquoi ! Et puis un beau jour, j'entends parler d'un type, un Japonais comme vous. C'est même un genre de *yakusa*, je crois. Et contre toute attente, le gangster en question reconnaît qu'il possède ce tableau et me fait dire qu'il est disposé à me le montrer. Alors, je prends l'avion et puis je me promène dans cette ville immense en attendant l'heure du rendez-vous. C'est presque tout de suite, mais, je vous ennuie avec mes histoires…

La serveuse affichait un sourire poli et figé. Cette incompréhension mutuelle, qui lui avait tout d'abord paru charmante, lui pesait à présent. Ce qui lui avait permis de s'ouvrir un peu le poussait maintenant à se refermer. Soudain, il eut la certitude que la langue n'y était pour rien. Eût-il été japonais, cela n'aurait sûrement rien changé à cette politesse détachée. Il s'agissait d'un rôle, d'une façade. Il sentit monter en lui une certaine amertume et replongea par conséquent dans le mutisme. Tendant la main vers la bouteille métallisée, il but une nouvelle gorgée de pamplemousse. Alors, il se demanda combien de temps serait nécessaire au breuvage pour saturer ses glandes sudoripares et parfumer enfin sa transpiration.

Quelques années auparavant, Pascal s'était réveillé en sursaut, encore agité par le souvenir d'un rêve. Une nouvelle nuit venait de s'achever, dissolution temporaire de la perception et donc du monde. Lorsqu'il était enfant, son père avait tenté de lui apprendre à faire un château de cartes au centre duquel trônait une orange. Il appelait cela « bâtir des châteaux de cartes en Espagne », ce qui laissait alors Pascal dubitatif. Les multiples tentatives s'étaient avérées infructueuses. La précision nécessaire faisait défaut à ses doigts d'enfant et la patience paternelle était trop limitée pour atteindre un résultat aussi ambitieux. Dans son rêve, il voyait son père placer les cartes autour de l'orange, exactement comme dans son souvenir. Tout en agençant les cartes à jouer, il jetait une aspirine effervescente dans un verre de lait. Il s'agit d'un vieux truc pour éviter l'ulcère. Il en buvait ensuite une gorgée, puis proposait à Pascal d'y goûter.

— Ah, c'est salé ! criait alors Pascal après avoir trempé ses lèvres dans la décoction blanchâtre.

— C'est comme le lait de jument fermenté que préparent les Mongols, commentait alors son père.

— Les Mongols ?

— Oui, nous sommes les Mongols dévalant des steppes. Je serais Attila et toi… tu serais son cheval.

— Ah Non !

— Bon, alors, tu serais Attila et je serais Gengis Khan.

— Mais non !

— D'accord, disons que tu serais Gengis Khan… Mais alors, je serais Tamerlan.

— Maman !

Le chat l'avait réveillé au moment même où il poussait ce cri de rage et d'impuissance. Curieusement, le rêve trahissait un sentiment d'infériorité qui le poursuivait depuis l'enfance. Bien que son père n'eût jamais rien fait pour le rabaisser, il avait toujours cru voir dans ses yeux un semblant de déception à son égard.

Il avait soudain ressenti l'envie de voir ses parents. Après avoir appelé sa mère, il s'était rendu chez eux en début d'après-midi. Sylvie était restée à la maison avec le chat.

— Un jour, tu rentreras et il n'y aura plus que le chat, lui avait-elle déclaré.

— Ah bon, tu n'emmènerais pas le chat ?

— Si, tu as raison, tu rentreras et il n'y aura plus personne.

Le grand appartement n'avait pas changé. Seule sa chambre qu'on avait transformée en bureau lui paraissait désormais étrangère. Il ne savait trop qu'en penser. Cherchait-on à effacer toute trace de son passage ? D'un autre côté, si on avait conservé la pièce en l'état comme un musée consacré à son enfance défunte, il n'aurait pu le supporter.

— Bonjour mon chéri, s'exclama sa mère en ouvrant la porte, comment vas-tu ? Tu ne viens jamais nous voir.

— Mais si, tu vois bien, je suis là.

— Oui, mais quand tu n'es pas là, tu ne viens jamais.

— C'est imparable !

— Et ton travail, ça va comme tu veux à la galerie ?

— Oui, les affaires vont bien. Heureusement, il y a la mafia russe, les nouveaux riches, les stars de la télé…

— Quand je pense que tu aurais pu être un grand peintre, comme ton père, non, meilleur que lui, même.

— Maman, arrête ça s'il te plaît. Tu sais bien que je déteste quand tu spécules sur mes prétendus talents. Chacun sa voie, c'est tout. Il n'y a rien de déshonorant à vendre les œuvres des autres, c'est un vrai métier…

— Oui. Enfin tu ne m'ôteras pas de l'idée, bon, bon, je me tais, je me tais.

— J'ai rêvé de lui cette nuit.

— Qui ça ?

— Papa.

— Ah… c'est pour ça que tu es venu ?

— Hein, mais non, j'avais envie de vous voir, c'est tout. Tu dis que je ne viens pas suffisamment et quand je viens, ça ne va pas non plus.

— Bon… Ne te mets pas dans des états pareils. C'était quoi ton rêve ?

— Tu te souviens des châteaux de cartes, les châteaux avec une orange ?

— Non, qu'est-ce que c'est encore que cette histoire d'orange ?

— Mais si, papa faisait toujours un tour de cartes avec une orange, tu ne te souviens pas ?

— C'est la première fois que j'entends parler de ça !

— C'est absurde ! Tout pour me contredire. Je me souviens quand même de ma propre enfance, j'y étais !

— Oui, bien sûr, enfin j'étais là aussi et je me souviens très bien de tout, mais pas d'orange, ni de carte…

— Bref, tout ça n'a pas beaucoup d'importance, c'était juste un rêve…

— Ah bon, mais si ça n'est pas important, pourquoi est-ce que tu t'énerves alors ?

— C'est toi qui ne m'écoutes pas.

— Pourquoi est-ce que tu ne vas pas lui raconter ça à lui plutôt ?

— À qui ?

— François.

— … Il est là ?
— Dans son atelier.
— Je suis pas sûr que ça l'intéresse.
— Je pense que ça lui ferait plaisir de te voir.
— … Pourquoi est-ce qu'il n'est pas venu me dire bonjour alors ?
— Toujours la même histoire. Toute ma vie, j'ai dû servir d'interprète entre vous deux, de messager, de diplomate. Tu es un adulte à présent.
— Alors maintenant ça t'arrange que je sois un adulte. Mais quand j'étais gamin c'était déjà la même chose. Il fallait que ce soit moi qui fasse l'effort. Qu'est-ce qu'un gosse de 10 ans peut comprendre à tout ça ? Qu'est-ce que j'y comprends encore aujourd'hui ?
— Il t'aime Pascal.
— Ah non, pas ça. Tu crois que je ne sais pas ce qu'il pense de moi en silence ? Je ne veux pas de sa condescendance, tu m'entends.
— Ça suffit maintenant, tu es complètement fou. Si tu savais comme tu te trompes. Mais qu'est-ce que tu veux à la fin ?
— … Qu'il me le dise. Qu'il me le montre…
— Il y a toujours eu quelque chose de brisé chez lui… ça n'est pas si facile. Tout le monde ne peut pas avoir des élans, ou je ne sais quoi. Ça n'est pas ça l'amour.
— Ah oui ? Alors qu'est-ce que c'est ?
— Il me parle de toi tout le temps.

— Je voudrais qu'il me parle à moi.

— … Comme tu lui ressembles !

— Tu m'as voulu pour toi toute seule et maintenant tu me reproches de ne pas savoir le prendre.

Elle eut juste le temps de se retourner avant d'éclater en sanglots. Elle refusait qu'il la vît ainsi, le visage déformé par la souffrance. Il sentit son cœur se briser et la culpabilité l'envahir jusqu'aux tréfonds. Il se leva et la prit dans ses bras. Elle fit alors mine de le repousser, puis après quelques secondes d'une lutte à peine esquissée, elle accepta son étreinte. Rien ne lui procurait un tel plaisir que ces moments d'abandon où son fils, contrit et penaud, se jetait dans ses bras, suppliant son pardon. Elle refusait d'admettre qu'elle le poussait souvent à bout pour provoquer ensuite ces moments de communion forcée et de repentir. Elle attendait de lui un amour inconditionnel, qu'elle refusait de partager et qu'elle n'obtenait qu'en de rares occasions. À l'image de son père, cet enfant-là ne se livrait jamais tout à fait. Elle l'étreignit un peu plus fort, tout en pleurant à chaudes larmes sur son épaule déjà humide.

La salle à manger était depuis toujours le repaire de l'artiste. Pascal ne se souvenait même pas y avoir déjà pris un repas. Aussi loin qu'il pouvait remonter dans ses souvenirs, une porte close obturait l'entrée de la pièce. Le chambranle de la porte conservait les marques indélébiles de doigts trempés dans la peinture. Sa mère avait bien essayé de nettoyer les salissures provoquées par les allées et venues de son mari, mais la tâche s'était vite avérée insurmontable. Mois après mois, années après années, les couches successives s'étaient accumulées en une croûte multicolore, maculant la totalité des huisseries. Il était curieux de constater que les traces ne débordaient jamais, ni sur les murs blancs, ni sur la porte. Les dépôts, pourtant accidentels, semblaient suivre une stratégie rigoureuse. La porte faisait office de toile vierge. Le cadre bariolé délimitait ainsi un espace intérieur, une zone uniforme et vaguement angoissante. Insensiblement, François avait marqué l'entrée de son territoire, comme un ours se frottant les flancs contre un arbre. Pascal s'approcha de la porte. Son cœur se mit à tambouriner dans sa poitrine, ses mains devinrent moites. Il ne pouvait pénétrer en ce lieu sans y avoir été expressément invité. L'interdiction était si forte qu'elle l'oppressait encore aujourd'hui.

Il se souvenait des heures qu'il avait passées, imaginant ce qui se tramait là sans pouvoir y accéder. L'atelier était longtemps resté pour lui une sorte de *terra incognita* à laquelle il aurait un jour droit s'il se conformait aux volontés paternelles. Que pouvait-il bien se passer de l'autre côté ? Que pouvait-il bien y avoir dans ces tableaux, qui retenait son père si loin de lui ? Un jour où le peintre s'était absenté, il avait alors une dizaine d'années, la tentation s'était montrée plus forte. Il avait attendu un bon moment, s'assurant ainsi que le maître des lieux ne pût revenir à l'improviste. Cette attente lui avait paru le plus délicieux des supplices. La peur de se faire surprendre, mêlée à la curiosité dévorante, l'avait plongé dans un abîme de sensations nouvelles. Le cœur battant d'excitation, il avait alors tourné la poignée et pénétré dans l'antre. La grande pièce était nue. On n'y trouvait ni meuble ni moquette comme dans le reste de l'appartement. Le sol et le plafond étaient mouchetés de peinture, rafales de pigments étincelants projetés sur le revêtement blanc en constellations dynamiques. Le long des murs s'entassaient des dizaines de toiles retournées qui ne laissaient voir du travail de son père que le châssis et la toile. Au centre de la pièce semblait trôner un tabouret, vestige fossilisé par les gouttes successives d'acrylique. Il avait tenté de faire tourner la vis, mais la force de ses mains d'enfant n'y avait pas suffi. L'assise était figée par la peinture sèche comme le tabouret lui-même était collé au sol. Au hasard, il avait retourné quelques tableaux immédiatement accessibles et dont la taille ne nécessitait pas un effort démesuré. Plus que tout, il souhaitait ne laisser aucune trace de son passage.

Il se souvenait surtout des couleurs. Il avait alors vu des montagnes rouges, des serpents bleus, des phares brillants dans la nuit violacée. L'herbe était là d'un vert qu'il ne connaissait pas ailleurs, le ciel déchiré par des lambeaux de nuages argentés. Les maisons ocres semblaient avoir jailli des entrailles de la terre comme des rochers expulsés par le magma carmin. On devinait seulement l'influence primordiale de cette éruption volcanique sur la toile. L'événement lui-même restait toujours hors du cadre. Le désert infini vibrait, quant à lui, d'une chaleur blonde qui carbonisait lentement des Bédouins minuscules. Les silhouettes infimes de cette caravane épousaient leur ombre difforme, composant ainsi sur la crête de la dune des idéogrammes chinois. L'océan était une gelée rose bordée d'écume orange. Les algues brunes tissaient alors dans cette masse visqueuse une forêt de flammes sombres qui dansaient dans la houle figée. Des rivières de métal s'épanchaient dans des lacs profonds et noirs, taches abyssales trouant la toile comme des ouvertures vers un autre univers. Les animaux formaient un bestiaire étonnant, ridicule et chargé de pouvoirs incompréhensibles. Les hommes paraissaient écrasés, accablés par des paysages grandioses qui semblaient taillés pour accueillir des dieux. C'était tout un monde fourmillant et calme où grondait la menace d'une catastrophe qu'on ne voyait jamais et dont l'absence créait une tension presque palpable. Il avait contemplé, stupéfait, toutes ces images dont un instant auparavant il ne soupçonnait pas l'existence. Il s'était senti à la fois exalté jusqu'aux larmes et curieusement blessé. Son âme d'enfant saignait. La beauté était cette lumière qu'il sentait maintenant en lui comme une bénédiction et un coup de couteau. Ce qui existait auparavant à l'extérieur de son être, une abstraction qu'il pouvait ignorer, venait de le contaminer pour toujours. Au même instant, il avait découvert la grâce et réalisé qu'on l'en tenait éloigné. L'interdiction était-elle l'expression de l'égoïsme paternel, ou bien une mesure de protection à son égard ? Son père voulait-il garder tous ces trésors pour lui seul, ou bien au contraire en connaissait-il le danger ? Cette question n'avait jamais cessé de le hanter depuis lors.

Au moment même où il allait faire demi-tour, renonçant ainsi à la soudaine impulsion qui l'avait fait venir, sa main, comme mue par une volonté autonome, frappa à la porte.

— Entre ! entendit-il à travers la cloison.

Il tourna de nouveau la poignée et entra dans l'atelier. Son père, assis sur le tabouret fossilisé, lui tournait le dos, faisant face à son chevalet. Il était vêtu d'un pantalon de jogging rigidifié par les croûtes de peinture et d'une blouse qui avait dû être grise.

— Bonjour papa.

— Je savais que c'était toi… Ta mère m'avait dit que tu passerais.

Après quelques secondes de silence, il daigna quitter la toile des yeux et se tourna enfin vers son fils qui, les mains nouées derrière le dos, n'osait déjà plus bouger. Pascal s'approcha de lui pour l'embrasser et vit alors sur le visage de son père ce malaise qui lui pinçait les lèvres chaque fois qu'il était question de contact physique entre eux deux. Il tendit la joue du mauvais côté et leurs nez se frôlèrent. François hésita une fraction de seconde avant de réitérer l'opération, comme ces gens qui se croisent dans la rue et ne savent de quel côté bifurquer afin d'éviter la collision. Ils finirent par s'embrasser timidement, collant à peine leur joue l'une contre l'autre plutôt que d'utiliser leurs lèvres. Une lueur de réconfort passa dans les yeux du peintre. Le plus dur semblait être maintenant derrière lui.

— Tu as vu… il va falloir que tu me coupes les cheveux, lui dit-il, montrant sa tignasse en guise de commentaires.

Depuis quelques années, chaque fois que Pascal voyait son père, il lui coupait les cheveux. Ce rituel, qu'il avait tout d'abord considéré comme une corvée, était peu à peu devenu la pierre angulaire de leur relation. Ce service qu'il lui rendait était maintenant l'expression d'une complicité qu'ils n'avaient pas su nouer autrement. Son père se rassit sans un mot sur le tabouret. Pascal ramassa la tondeuse et le peigne qui traînaient dans un coin de l'atelier, entre les pots de peinture et la térébenthine. Il commença ensuite à peigner les cheveux en bataille, les longs filaments rêches comme des épis de seigle qui devaient lui piquer la nuque. Il glissa le peigne dans la poche arrière de son pantalon, brancha la tondeuse sur le secteur et se mit à débroussailler. Des touffes grisâtres tombèrent sur le sol et se mêlèrent une nouvelle fois aux éclaboussures encore fraîches. Comme les traces de peinture, les cheveux s'accumulaient en couches successives, formant un véritable revêtement sur le béton nu. Les poignées tout d'abord éparses avaient rapidement recouvert la totalité de la pièce. On marchait à présent sur une couche épaisse de cheveux multicolores et entremêlés comme des joncs. Le moteur de la tondeuse faisant un vacarme épouvantable, il était inutile de vouloir se parler, ce qui les rassurait probablement tous les deux. Pascal pouvait alors profiter de la situation et, sans fausse pudeur, toucher enfin le crâne de son père, la cicatrice qu'il avait du côté gauche, les rides parallèles du front. Il se souvenait de la première fois où il avait effectué ces gestes répétitifs. Le contact avec la peau l'avait tellement surpris. Il avait soudain réalisé que son père était un être de chair et d'os et non la présence fantomatique à laquelle il s'était peu à peu habitué. La différence d'âge, d'expérience, la disparité de points de vue, qui cependant s'était estompée avec le temps, n'expliquaient pas tout. C'était l'absence totale de contact physique qui avait fait de ces hommes des silhouettes perdues dans la brume. Pascal aurait voulu que son père le prenne dans ses bras, mais à l'impossible nul n'est tenu. On avait donc transigé en inventant ce cérémonial capillaire. Durant cette trêve, où les valeurs traditionnelles étaient comme suspendues, François faisait mine d'ignorer ce qui se tramait en réalité sur son occiput. Le dégoût à peine esquissé des embrassades malheureuses était alors effacé par le contact des mains. Chez cet homme, la sensibilité tout entière était investie dans son art, si bien que les connaisseurs de son œuvre étaient toujours déçus de le rencontrer. Avec l'âge toutefois, une certaine vulnérabilité avait fait jour. La distance toujours considérable avait fini par se réduire. À mesure que les années passaient et que le peintre entrait dans la vieillesse, sa garde baissait considérablement. Les sentiments longtemps réprimés surgissaient parfois au détour d'une phrase ou d'une expression. Il lui devenait plus difficile de maîtriser les souvenirs et les remords qui se pressaient en masse au seuil de la conscience. Il lui arrivait à présent de laisser échapper une bouffée de nostalgie, un soupçon de tendresse. On était encore loin des effusions espérées par son entourage, mais un changement climatique s'opérait tout de même dans ce ciel d'hiver. On sentait que la fatigue y était pour beaucoup, mais il pouvait également y avoir une volonté à l'œuvre derrière tout cela. *Modus vivendi*, en guise de consolation.

Longtemps, Pascal avait cru que son père était un dieu de la mythologie grecque, pas le dieu chrétien assis de manière hiératique sur son nuage doré, mais un dieu parmi tant d'autres, descendu sur la terre pour vaincre l'ennui de l'Olympe. Cette idée lui était sûrement venue après son incursion dans l'atelier. Les toiles devaient être le reflet d'un monde inaccessible aux simples mortels. Si François n'était pas un dieu lui-même, il tutoyait du moins les créatures célestes. Avec le recul, Pascal s'émerveillait des trouvailles dont il avait alors peuplé le silence. Pendant plusieurs semaines, il avait exprimé sa peur et sa culpabilité en se rendant malade. Il était persuadé que d'avoir regardé ces images interdites le rendrait aveugle. Si la cécité ne l'avait pas immédiatement frappé, elle se déclencherait probablement au bout de quelques jours. Il serait alors doublement puni. Il perdrait la vue et son père comprendrait ainsi qu'il avait désobéi. Les jours passèrent. Il eut un accès de fièvre qui le cloua au lit, mais en dépit de ses espoirs masochistes, il conserva la vue. La justice immanente avait failli. Comment, alors, expliquer cette déficience ? Par ailleurs, on ne pouvait toucher un dieu sans encourir un danger mortel. La proximité était un risque de tous les instants. Voilà pourquoi, tout en étant père et fils, ils étaient restés des étrangers l'un pour l'autre. S'étant remis de sa mauvaise conscience, il avait alors commencé à dessiner, mais très vite, l'impossibilité s'était dressée devant lui comme un obstacle infranchissable. Il ne s'agissait pas de difficulté technique. Il était plutôt doué et capable de surmonter les obstacles qui jalonnent le chemin du dessinateur débutant. Le gouffre qui le séparait à présent de ce qu'il avait vu lui paraissait infranchissable. Il savait que ses progrès éventuels n'y changeraient rien. La distance entre ses croquis et les toiles magiques de l'atelier était finalement la même qui le séparait physiquement de son père. Tout un océan semblait se dresser entre eux et l'on ne traverse pas ce genre d'étendue sur un frêle esquif lorsqu'on n'a que 10 ans. L'envie s'était immédiatement muée en frustration. Il avait posé ses crayons et renoncé presque aussitôt. Il ne pouvait entrer en concurrence avec cet homme, ce père qu'il connaissait si mal. Ce qui pouvait susciter son approbation pouvait tout aussi bien provoquer sa colère. Était-il préférable de l'imiter, ou bien au contraire de le fuir ? L'idée même du jugement le terrifiait. Très tôt, il avait pris conscience de cette impasse. Il ne pouvait être à l'image de son créateur, sans pour autant prétendre à la différence. La marge de manœuvre était donc ténue.

Plus tard, il s'était persuadé qu'une machination était à l'œuvre. La nature a horreur du vide. Il inventait alors des théories, des explications sans cesse renouvelées. Puisque les parents ne supportaient pas que leur progéniture fût dissemblable, son père avait ourdi un stratagème à son intention. Si celui-ci avait essayé de l'intéresser à la peinture, Pascal s'en serait probablement détourné. L'impasse faite sur le sujet, doublée de l'interdiction de pénétrer dans l'atelier, avait au contraire agi sur lui comme un aimant. En fin de compte, peut-être avait-il souhaité que Pascal désobéisse ? Provoquer sa curiosité était sans aucun doute le plus sûr moyen pour en faire un artiste. Seulement, c'était compter sans la capacité du fils à douter de lui-même. Après tout, les instructions étaient contradictoires, le silence facteur d'ambiguïtés.

À présent, il avait renoncé à trouver des réponses. Vieillir consistait à supporter l'incertitude. En secret, il conservait un rêve. Il se disait qu'après la mort du peintre, il finirait par trouver, quelque part dans l'atelier, une lettre, un tableau, quelque chose laissé là pour être découvert et qui lui expliquerait enfin tout. Ce qui n'avait pu être dit de vive voix serait tout de même exprimé d'une manière ou d'une autre. François trouverait alors le repos éternel et Pascal pourrait enfin dormir, sans rêver aux châteaux de cartes.

— Voilà papa, je crois que ça y est, dit-il en éteignant la tondeuse.

— Merci.

— J'ai vu que tu allais exposer chez Rasmussen à Copenhague, c'est formidable !

— Oui, c'est bien, il veut faire un genre de rétrospective, je crois. À ton âge ça m'aurait sûrement tourné la tête, mais maintenant… Je suis content que le succès soit venu sur le tard.

— Je ne suis plus si jeune, tu sais…

Il ne pouvait s'empêcher de se voir comme un raté. Face à l'artiste, il était et resterait à jamais un petit commerçant.

— Et toi, à la galerie, ça va ?

— Oui, oui, dis-moi, tu te souviens de ce tour de cartes, que tu faisais quand j'étais petit, avec une orange ?

— Oui, bien sûr, tu adorais ça.

— Ah oui ? J'ai rêvé de ça cette nuit, c'est curieux.

— Je t'avais appris à le faire, tu étais plutôt doué d'ailleurs.

— Ah bon ? Je croyais que j'étais nul au contraire. Tu t'énervais contre moi parce que j'avais les doigts trop petits, je manquais de persévérance…

— Mais non… Tu y arrivais très bien. Tu ne t'en souviens pas ?

— … Pas vraiment. Maman a fait du thé, tu viens en prendre une tasse à côté ? Elle va encore râler parce que c'est froid.

— J'arrive dans une minute, il faut que je recouvre le chevalet.

À côté de la théière, un carton semblait avoir été laissé à leur intention commune. Pascal défit le couvercle et se mit à fouiller dans le tas, retirant de la boîte des poignées de photos jaunies qu'il disposa ensuite sur la table. Sur beaucoup de ces images, on voyait son père lorsqu'il était enfant, probablement durant la guerre. De tous les sujets qu'ils ne pouvaient aborder ensemble, la guerre était sans doute le plus opaque. Ce que Pascal savait, il l'avait appris au détour d'anecdotes, par la bande, en recoupant des informations distillées de manière anodine. Il savait tout du pain de sciure, des rutabagas et des tickets de rationnement, mais presque rien des arrestations, des interrogatoires et de la clandestinité. Il lui fallait envisager cet enfant, jeté sur les routes de France, se cachant sous une identité d'emprunt. De la peur indicible, il ignorait tout. Il avait beau connaître cette époque pour avoir lu des livres s'y rapportant, il lui manquerait toujours ce sentiment d'horreur qu'on ne peut imaginer sans l'avoir connu soi-même. Les rares souvenirs se faisaient factuels, parfois même humoristiques. Lorsqu'il écoutait son père évoquer cette époque qui l'avait pourtant marqué d'un sceau indélébile, il avait l'impression de revoir *La Grande Vadrouille*. Il savait pourtant que le détail se faisait grotesque afin de masquer une réalité sordide. Il ne suffisait pas d'avoir survécu, il fallait encore anesthésier la douleur, surmonter le passé qui souhaite se faire entendre et ne renonce jamais. François plongea également la main dans la boîte et en tira un paquet de ces petites photographies carrées, dont le pourtour est crénelé comme celui des anciens timbres poste.

— Tiens, dit-il à son fils en lui montrant une carte postale, ça, c'est mon père dans la Somme en 1917.

Aussitôt, Pascal se sentit coupable. Vouloir des réponses était sans doute légitime, mais encore fallait-il poser des questions. Tous les clichés qu'il avait maintenant devant lui étaient des portraits où ses aïeux endimanchés fixaient l'objectif avec gravité. La photographie était alors une chose trop sérieuse et solennelle pour se laisser aller à de stupides grimaces. Les temps de pose étaient aussi beaucoup plus longs et nécessitaient une immobilité totale du sujet. L'âge du sourire et des parties de campagne viendrait bien plus tard. En ces temps où la photographie était encore chère et remarquable, il était même rare de gâcher du film en saisissant une nature morte. L'image qu'il tenait pourtant à la main représentait une pièce vide, sans doute une chambre d'enfant. Dans le bas du mur, on voyait un placard ouvert servant de coffre à jouets, d'où pendait un poupon en celluloïd. Le revêtement du meuble, un placage de bois noble, avait été arraché par endroits, laissant entrevoir des planches nues. Sur le dessus du coffre, qui ressemblait à une cheminée, une margelle accueillait les trophées de l'enfance. On y voyait une automobile miniature, une conduite intérieure des années 1930 qui pouvait bien être une Delage et cinq petits soldats fièrement dressés. L'ensemble était cerné par deux chiens de bois montés sur roulettes et qui, se faisant face, semblaient garder tout ce petit monde avec sévérité. À gauche du coffre, un rideau sombre tombait en plis innombrables. Enfin, un tableau, dont le quart supérieur était amputé par le cadrage approximatif, surplombait toute la scène. Le plus étrange dans cette image était qu'on ne pouvait distinguer clairement l'intention du photographe. Aucun élément n'apparaissait en entier dans cette composition qui semblait dictée par le hasard. Peut-être l'appareil avait-il été déclenché par accident.

— Fais voir ce que tu as trouvé, lui demanda son père.

Il saisit le cliché, chaussa de nouveau les petites lunettes qu'il venait de poser sur la table et scruta l'image avec attention. Au bout de quelques secondes, Pascal nota la stupeur sur son visage.

— Quoi ?

— Je t'ai déjà parlé de ce tableau qui était dans ma chambre d'enfant, un cheval bleu… je ne savais même pas que j'avais cette photo.

— Montre-moi, j'ai pas bien fait attention...

— Ah, je m'en souviens maintenant, dit-il en lui rendant le cliché.

Pascal approcha l'image de ses yeux et se mit à observer la toile qu'il avait tout d'abord ignorée. Les détails étaient minuscules. Une femme vêtue d'une robe à volants empoignait la crinière d'un cheval se tenant de profil. Le dos de l'animal formait une diagonale qui partageait la toile en deux. On distinguait le tapis de selle, les motifs de la robe, peut-être quelque chose comme un rideau de scène. Curieusement, l'équidé semblait tenir un éventail dans sa bouche, son œil en forme d'amande lui donnait un air à la fois triste et féminin. Dans le coin inférieur droit, se tenait un clown ou un arlequin la jambe repliée. À mesure que Pascal scrutait l'image, s'arrêtant sur chaque ombre et chaque trait en vrai professionnel, un sentiment de malaise se diffùsa en lui. Il savait qu'il aurait dû réagir, que cette vision aurait dû provoquer chez lui quelque chose, mais quoi ? Le contexte l'empêchait d'y voir clair. C'était pourtant si facile. Il avait l'impression d'être à nouveau étudiant, pris en défaut par un examinateur trop zélé. Toute cette histoire lui évoquait le temps de ses études. Un souvenir remontait lentement depuis les profondeurs boueuses de son passé. Le blocage était humiliant. Il ne pouvait croire qu'un artiste peintre et un galeriste fussent incapables de mettre au jour l'évidence. C'était pourtant bien là, sous leurs yeux exercés. Il sentit que la bulle était sur le point de crever la surface.

— Nom de Dieu, s'écria-t-il à la surprise de son père qui en fit tomber sa tasse de thé sur la moquette, c'est un putain de Chagall !

— Voilà, c'est ça !

— C'est ça ? Tu avais un tableau de Chagall dans ta chambre. Tu le savais et tu ne l'as jamais dit ?

— Ça m'était sorti de la tête.

— Tu plaisantes ?

— Non, je t'assure. Maintenant que tu me le dis, évidemment, ça me revient.

— Ça te revient ? J'en crois pas mes oreilles !

— Disons que la figure de cette femme m'est restée comme quelque chose de très fort, mais avec le temps, les événements, l'image s'est peu à peu dissociée de l'objet lui-même. J'ai fini par oublier Chagall et j'ai même oublié que le tableau n'était pas qu'un songe. Quand j'ai regardé la photographie tout à l'heure, ça m'est revenu avec une telle énergie. Je n'avais pas rêvé pendant toutes ces années, tu comprends ? En fait, quand j'y pense, ce cheval n'a jamais cessé de me poursuivre et si je suis devenu peintre… c'est peut-être bien à cause de ça.

Son père, épuisé par une tirade aussi longue qu'inhabituelle, se rencogna ensuite au fond du canapé. Pascal était sidéré. Tout d'abord, il s'était montré incapable de reconnaître le style de Chagall au premier coup d'œil. C'est son incapacité à faire le lien entre deux éléments, a priori sans rapport, qui l'avait égaré. Ce n'était pas l'œuvre qu'il avait refusé de voir, mais bien sa présence inattendue sur le mur.

— Et tu dis qu'il était bleu ?

— Un bleu intense.

— Comment est-ce que c'est possible ? Je ne sais pas ce qui est le plus extraordinaire, que vous ayez eu un Chagall à la maison, ou que tu l'aies enfoui au fond de ta mémoire ?

— À l'époque, on vivait avenue d'Orléans. Mes parents avaient emménagé là en 1924. Chagall, quant à lui, était revenu de Russie à la même période. Il avait son atelier rue d'Alésia, c'était un type du quartier. Toi qui as étudié la peinture à l'école, tu le vois comme un génie dont les toiles valent des millions de dollars, mais à ce moment-là, ça n'était presque personne. Des sans-le-sou, des immigrants venus des quatre coins de l'Europe, vivant à Montparnasse ou dans les environs et qui, de surcroît, peignaient un peu de temps à autre, il y en avait des flopées. Ça n'avait rien d'exceptionnel. Je ne me rappelle plus les détails. Il a dû venir quelquefois à la maison. Mon père aimait bien les artistes. Il invitait toujours des musiciens, des écrivains traîne-savates. Peut-être que cette toile lui a plu. À l'époque, il n'avait pas beaucoup d'argent, mais il aimait jouer les mécènes. Voilà comment c'est arrivé.

— Et il l'a mise dans ta chambre.

— Pourquoi pas ? C'est bien de mettre un tableau dans une chambre d'enfant.

— … Oui, sans doute, répondit-il tout en songeant à son ancienne chambre dont les murs étaient toujours restés vierges.

Pascal scruta de nouveau la photo, à la recherche d'un indice, d'un détail qu'il aurait oublié. Il n'y avait plus aucun doute possible.

— Je passais des heures à la regarder. Il y avait quelque chose qui me fascinait chez elle. J'ai jamais bien su quoi au juste.

— Je ne connais pas toute l'œuvre de Chagall, mais ce tableau-là ne me dit rien. Ça devait être une belle toile pourtant, une huile de dimension convenable.

— Je ne sais plus. Dans mon souvenir, c'était vraiment un très grand tableau, mais j'étais si jeune.

— Il a fait beaucoup de compositions de ce genre cela dit, sur le thème du cirque, mais plus tard, non ? Après la guerre, dans les années 1950 ?

— Oui, tout à fait.

— Elle date de quand cette photo ?

— On a fui en 1940. D'après le type de jouet, le poupon surtout, je devais avoir 5 ou 6 ans.

— … Et après ? Où est-il passé ce tableau ?

— Juste avant l'exode, Maman a tout mis en sûreté dans un garde-meuble de la porte d'Orléans, tout ce qu'on avait de précieux, des objets, des vêtements. Nous sommes partis sur les routes. Quand on est revenu à Paris, en janvier 1945, tout avait disparu, tout.

— Je peux peut-être essayer de scanner la photo pour agrandir le détail de la toile. On en saurait alors plus. Je vais faire des recherches. Si elle est dans un musée quelque part, je la trouverai facilement. Je vais mettre quelqu'un sur le coup à l'agence. On pourrait aller la voir ensemble, qu'est-ce que tu en penses ?

— C'est une idée. On croit le passé enterré pour de bon, mais rien n'est jamais terminé. On porte avec soi tout le fatras du monde et lorsque l'on pense s'en être enfin affranchi, ce sont nos propres enfants qui ravivent ce qu'ils n'ont même pas connu.

L'invitation du musée Guimet trônait sur le bureau de Pascal depuis plusieurs jours. Il se souvint que le vernissage de l'exposition Hiroshige avait lieu le soir même. Le conservateur en charge des arts nippons était une connaissance. Des tonnes de paperasses jonchaient alors son bureau. Il fit mine de ranger le plateau de verre, tâchant tant bien que mal de transformer le tas informe en piles plus ou moins stables. Il ramassa ensuite son manteau à la volée puis descendit l'escalier quatre à quatre sous l'œil amusé de son associé.

Entre toutes ces représentations d'Edo, *La Petite Rue Yabukoji* avait retenu son attention. Le ciel d'hiver au crépuscule, où s'épousaient encore le bleu et le noir, se reflétait dans une rivière courbe. Les flocons tombaient comme des étoiles blanches sur les bambous alourdis. Seule la tache rouge sang d'un édifice dans le lointain capturait le regard, tandis que la rue déjà ensommeillée semblait se dévider livide au bord de l'eau sombre. Trois femmes dissimulées par leur ombrelle en papier de riz marchaient dans la neige épaisse, laissant derrière elles les traces momentanées de leurs socques de bois, quelques empreintes de pas, au mois de décembre 1857.

— Ça ne m'étonne pas que ça vous plaise, entendit-il soudain par-dessus son épaule.

— Ah, Stéphane, vous m'avez fichu une de ces frousses.

— Je suis content que vous ayez trouvé le temps de venir. L'expo n'est pas mal, mais je n'y suis vraiment pour rien. On m'a mis sur la touche.

— Ne faites pas le modeste, vous savez bien que je vous envie…

— L'homme qui a découvert Sorensen et vendu une installation de Minaudi à un prix exorbitant, envieux d'un petit fonctionnaire de la culture. Allons, ne vous moquez pas de moi !

— Je vous assure, vous avez fait un travail formidable et puis tant de sérénité me repose du quotidien à la galerie. Vus d'ici, les Post-it, les étrons en résine composite, tout ça ne me manque pas vraiment.

— Vous dramatisez ! À chaque époque ses interrogations et ses réponses esthétiques. Si Hiroshige voyait le quartier d'Atagoshita aujourd'hui, lui aussi ferait des merdes en polycarbonate.

— Vous croyez ? C'est un peu progressiste pour un conservateur...

— Je crois que la merde est porteuse de sens...

— Non, sans blague, et moi qui croyais avoir perdu la foi.

— C'est vrai. Tout est dans tout. Pourquoi mettre à l'index les déjections, les fluides ou n'importe quoi d'autre ? En vertu de quoi, de la bienséance, de la morale, de la culture ? Que la merde entre au musée avec tout le reste, façon Manzoni, et on aura enfin quelque chose de global, de significatif. À force de côtoyer l'Extrême-Orient, je finis par penser que la véritable beauté réside en chaque chose. C'est uniquement dans l'accumulation, dans l'exposition totale que peut naître le grandiose. Je rêve d'un musée universel, contre la sélection des œuvres. Ce musée serait à la taille du monde et le contiendrait tout entier. Le Mundaneum. Autant vous dire que mon point de vue est un tantinet avant-gardiste. Rue de Valois, ça laisse dubitatif...

— Stéphane, vous m'en bouchez un coin.

— *La Petite Rue Yabukoji*, c'est ça ?

— Oui, je crois bien.

— Atagoshita était un des quartiers aristocratiques de l'ancienne Tokyo, là où se trouvait la résidence des *daimyo*. Littéralement ça signifie « Grands Noms », en réalité de puissants seigneurs féodaux. Les bambous, quant à eux, étaient considérés comme une protection magique car au nord-est de la rue, se situait Kamon, la porte du Diable, où selon la croyance populaire se trouvait le royaume des démons.

— Le mouvement et le contraste donnent une grande impression de calme. Le silence est presque palpable.

— Vous savez que les bambous fleurissent tous en même temps et puis meurent ? Presque tous les bambous de la planète sont en réalité les clones d'un seul et même plan. Une fois tous les quatre-vingts ans en moyenne, les bambous se mettent à fleurir, tous en même temps, où que ce soit dans le monde et quelle que soit la saison. Personne ne sait exactement comment ça se produit, comme si toutes ces plantes avaient une perception identique du temps. Ensuite, les forêts meurent, laissant place à une nouvelle génération.

— Ah, et que font les démons alors ?

— Les démons ? Ah, oui, eh bien qui sait ? C'est une bonne question. Une chose est sûre, la mort des bambous était un événement redouté, auquel on n'assistait pas toujours dans une vie d'homme, comme une éclipse totale de soleil. Sans compter que la disparition soudaine de forêts entières entraînait des conséquences économiques désastreuses. On a pu dater certains tableaux avec cette méthode. Si les bambous sont représentés fleuris, il ne peut s'agir que d'un moment très spécifique, dont les annales ont forcément gardé la trace. Vous connaissez le Japon ?

— Pas du tout. Les trucs habituels, sushis, judo, Sony…

— Regardez cette image, la composition est extrêmement travaillée. Tout concourt à l'impression d'harmonie et pourtant la nature est comme morte. Une profonde mélancolie s'en dégage également.

— Oui, c'est tout à fait juste.

— On appelle ça *mono no aware*, c'est-à-dire « empathie envers les choses ». Il s'agit pour l'artiste d'évoquer une beauté équilibrée, une beauté qui n'élude ni la souffrance ni la tristesse. Cette conception est à la base du système de pensée nippon. En Occident, on considère généralement qu'une chose, pour être belle, doit être débarrassée de tout aspect morbide. La mort corrompt puisqu'elle fane la jeunesse. Ici, la mort fait partie du tout. C'est la présence de chaque élément qui fait justement la beauté, et non le tri.

— Comme le dégueulis et les merdes en plastique, c'est bien ça ?

— Le plastique est facultatif, mais oui, c'est à peu près ça.

— Tout à l'heure, vous avez dit que ça ne vous étonnait pas que ça me plaise. Qu'est-ce que vous vouliez dire au juste ?

— Ne le prenez pas mal, mais il y a chez vous un je-ne-sais-quoi d'oriental, une forme de résignation, allons, n'ayons pas peur des mots, confucéenne.

— Je dois le prendre comme un compliment ?

— N'exagérons rien... mais ça n'est pas une critique, loin de là, disons, un constat. Si un jour, l'envie d'aller au Japon vous prenait, renseignez-vous avant sur la floraison des bambous. On ne sait jamais, des fois que toutes ces histoires de démons soient vraies. Je peux vous poser une question personnelle ?

— Vous semblez bien me connaître. Je suis surpris que vous ayez encore des questions.

— Pourquoi vendez-vous des tableaux ?

— Je n'avais pas le droit d'en peindre.

L'esplanade devant le musée était déserte. Quelques voitures tournaient encore autour de la place d'Iéna, leurs phares balayant la chaussée dans un tourbillon lent et régulier. Il boutonna son manteau et entreprit de descendre à pied l'avenue du Président-Wilson. Le Palais de Tokyo fermait lui aussi, vomissant sur le trottoir des hordes barbares, des tribus cyclothymiques. Bientôt commencerait pour ces peuplades, aux rituels complexes et codifiés, l'ultime geste des temps modernes, la quête du dernier verre.

Entre les deux ailes du palais, il jeta un coup d'œil en direction de la Seine. Quelques adolescents à roulettes profitaient de la nuit pour exercer leurs acrobaties interdites. Il songea un instant aux origamis prédateurs de Sirineli. La lune flottait ébréchée en direction de l'avenue Montaigne. Quelques étoiles faiblardes palpitaient au travers du voile de nuages qui couvrait uniformément le ciel. Il savait que Sylvie l'attendait, lovée contre son chat et la certitude de cette attente était pour lui d'un grand réconfort. Se sentir espéré par une femme et un félin, tous deux enlacés dans un lit chaud et moelleux, était un sentiment d'une profonde douceur. Il décida de ne pas prendre le métro à la station Alma-Marceau, comme il l'avait tout d'abord imaginé, mais de rentrer à pied. Raccourcir l'attente eût été malvenu, presque grossier. Il voulait savourer chaque minute de cette marche, différant le plaisir et songeant à son but. Se rapprocher lentement de son terme deviendrait ainsi un supplice délicieux. Il s'agrippait à cette idée comme à une bouée de sauvetage, car un trouble s'insinuait à présent dans son esprit, sans toutefois prendre forme. Quelque chose le mettait mal à l'aise, mais quoi ? Il n'arrivait pas à mettre le doigt dessus et cherchait à se remémorer ce qui, moins d'une minute auparavant, l'avait dérangé. Seule l'impression vaguement désagréable subsistait, comme un mot dont on connaît pertinemment la signification sans pour autant s'en souvenir. Il tenta de passer en revue les heures qui venaient de s'écouler, Stéphane Obéron, les estampes, la neige, la porte des Démons, les bambous protecteurs, Sirineli et le Palais de Tokyo. Rien n'y faisait. Tous ces éléments, individuellement anodins, semblaient le contrarier une fois réunis. Il essaya de se concentrer sur l'image de Sylvie. Il visualisa le chat couché près d'elle, sur le ventre, une patte tendue dans la posture étrange qu'il affectionnait tant. La vraisemblance du détail importait. Il fallait s'attacher au véritable, à l'infime, afin de désamorcer la crise d'angoisse qui maintenant enflait à la périphérie. Il prit quelques secondes pour décrire mentalement la tache blanche à la base du cou, la dent qui pointait au travers des babines. L'impression diffuse poursuivait sa dissémination. Soudain, il se prit à songer aux anomalies. Il était sur la voie. Le malaise amorça un léger reflux, une pause dans la guerre éclair qu'il menait pour le contrôle de son esprit. Il frissonna. Ça venait de très loin, de tréfonds rarement explorés.

Il ouvrit en rêve le premier classeur et feuilleta les intercalaires, les pochettes et les sous-chemises. Les anomalies défilaient. Les noms déroulaient leur litanie, énumération rassurante, Berstein, Sokali, Derouthers, Malina, Berkozian, Fursten. Les toiles, les bouts de chewing-gum, les sculptures, les sous-marins de poche, les stalactites et les portes en isorel défilaient devant ses yeux, comme une parade militaire. À chaque fois, quelque chose avait cloché, un incident était survenu. C'était toujours l'os qu'il traquait, la claudication du destin. Il savait précisément où il allait, à quelle page il devrait finalement s'arrêter. Comme un aimant, elle l'attirait sans autre possibilité, la singularité. Il était inutile de perdre son temps avec les à-côtés, les amateurs et les épiphénomènes, mais la récitation, comme un préliminaire indispensable, imposait son rythme particulier et distillait en lui une quiétude nouvelle. Beaucoup avaient frôlé le génie en subissant l'un de ces coups du sort qui intéressaient Pascal, mais un seul avait vraiment transformé l'essai en faisant de sa vie tout entière une anomalie permanente.

Ferdinand de Sastres naquit le 17 novembre 1875, à Paris, département de la Seine. Son père Hector, au grand dam de ses propres parents, avait fait fortune sous le Second Empire, s'arrachant à sa condition d'aristocrate oisif et désargenté en investissant ses maigres deniers dans une filature près de Roubaix. Très vite, les relations familiales aidant, la Manufacture des fils et coupons était devenue le fournisseur principal des armées. Profitant des projets expansionnistes de Napoléon III et notamment de l'expédition mexicaine menée par le général Lorencez, les affaires d'Hector se mirent à prospérer. Cependant, l'approvisionnement en coton, fortement perturbé par la guerre de Sécession américaine, mit un frein au développement de l'industrie textile dans le Nord. Sentant le vent tourner avant la chute irrémédiable, Hector vendit alors ses parts de la manufacture à un naïf, peu au fait de la situation géopolitique. Faisant preuve d'un sens aigu des affaires, il entreprit de diversifier ses activités, délaissant les culottes de flanelle rouge pour les mines d'or du Congo et les compagnies de chemin de fer. L'époque était pleine d'un bouillonnement nouveau, d'une ferveur commerçante. Indifférent aux régimes successifs, aussi à l'aise avec l'administration impériale qu'avec la républicaine, il construisait des ponts et des viaducs, vendait de prodigieux canons, creusait des canaux et armait des flottes entières. Rien ne lui plaisait plus que l'expression « capitaine d'industrie ». Il se voyait alors en tenue d'amiral castillan, partant sur son galion à la conquête de mondes inexplorés.

Ses parents, incapables de quitter le château familial, se désolaient d'avoir engendré une si piètre noblesse, tout en accueillant avec une certaine bienveillance l'argent nécessaire à la réfection du toit. Entretenus par leur fils, ils jugeaient pourtant avec sévérité son caractère industrieux, ainsi que l'origine satanique de sa fortune. La Bourse n'était-elle pas le temple de l'usure, cette Église dévoyée voulue par le tyran corse, l'autel où l'on vénérait désormais le seul vrai dieu d'une France parjure ? Il leur était difficile d'accepter cet argent, mais les scrupules leur manquaient lorsqu'il était question de le dépenser. On avait ainsi redessiné les jardins à la française, rénové les fontaines du parc, changé les parquets et ramoné les cheminées. La domesticité scélérate qui avait fui la propriété depuis la disparition de ses gages était enfin revenue. Une partie des meubles vendus au fil des années avait pu être rachetée. Les amis de toujours, qui avaient fini par se faire plus rares à mesure que le train de vie ralentissait, s'empressaient maintenant de se faire inviter aux nombreuses soirées. L'argent vil et nauséabond des mines et des ponts, des navires et des trains, l'argent de la vapeur et du charbon, celui de la spéculation immorale et bien souvent étrangère leur permettait ainsi de vivre dans un XVIIIe siècle fantasmatique et permanent, où il n'y aurait plus jamais ni Révolution, ni jacqueries, ni Empire, ni Parlement, ni élection. Le capitalisme honni finançait leur rêve d'aristocratie, un songe coûteux et inutile, une bulle de passé rectifié et soigneusement conservé par un Hector triomphant. Il lui était plaisant, en dépit des critiques paternelles, de subvenir aux besoins de sa famille en entretenant le château. Il le voyait à présent comme une de ces réserves où les Yankees parquaient alors leurs indigènes, un lieu hors du temps et de l'espace, voué à la préservation d'une espèce menacée d'extinction. La maison où il avait grandi connaissait à nouveau les splendeurs d'antan, non pas celles qu'il avait lui-même connues, mais celles dont ses parents nostalgiques lui parlaient déjà lorsqu'il était enfant. Les coutumes d'un autre âge, celles qu'il foulait pourtant au pied chaque fois qu'il se rendait à la corbeille pour vendre dix mille tonnes de sucre, ou brader les chemins de fer de l'Est, étaient, dans cette demeure à la fois magnifique et désuète, gardées intactes, presque momifiées. C'était une tombe, où il jouait comme un gamin pervers et cruel. Il incarnait le monde en mouvement et se délectait pourtant à simuler l'immobilisme. Lorsque la grille du parc s'ouvrait devant lui, il avait le sentiment d'exercer sur cet univers clos un pouvoir incommensurable, une puissance quasi divine. Dans cet Éden parallèle, Adam et Ève étaient tous deux septuagénaires et confits dans leurs illusions morbides.

Hector eut donc un fils qu'il baptisa Ferdinand, en hommage à Ferdinand de Lesseps qui, six ans auparavant jour pour jour, avait inauguré le canal de Suez. Il était le portrait craché de son père, à l'exception notable d'un goût immodéré pour la peinture qu'il tenait de sa grand-mère et qu'Hector fit tout son possible pour endiguer. Dès l'âge de 7 ans, son précepteur, un ancien clerc de notaire, lui enseignait déjà les rudiments de la Bourse. On spéculait au goûter sur la quantité de biscuits faits par la cuisinière, on gageait ses actifs en confiture pour réaliser un coup d'éclat sur le marché de la marmelade. La récolte d'oranges siciliennes serait-elle suffisamment prometteuse pour assurer un approvisionnement équitable, ou bien le gel tardif dans ces contrées méridionales provoquerait-il au contraire une rupture de stock entraînant une hausse prodigieuse des cours ? Il avait retenu la leçon. La rareté créait la valeur. C'est pourquoi Ferdinand attachait tellement d'importance à l'affection de son père. À 8 ans, il connaissait déjà les déboires que l'autre Ferdinand rencontrait à Panama et conseillait très opportunément à son géniteur de céder ses parts du canal, sans alerter l'opinion. « Il faut des écluses pour percer l'isthme et non un chenal à niveau, comme à Suez » avait-il déclaré sur un ton péremptoire, car il revenait tout juste d'Auvergne où son père l'avait envoyé suivre la construction du viaduc de Garabit. C'était décidé, il serait ingénieur. De loin, du haut des tours du château, sa grand-mère voyait ce petit garçon lui échapper, quitter sa sphère protectrice et fanée pour entrer progressivement dans le monde laborieux des hommes. Pour une raison qu'elle ignorait, le sang devait s'appauvrir, c'était certain. Il avait bien songé un moment à devenir négociant de tableaux, coupant ainsi la poire en deux, mais son père, toujours à l'affût de la moindre déviance, l'avait vite dissuadé. « On ne s'attache pas aux gribouillages lorsqu'on est un

Sastres », lui avait-il asséné. Enfin, il s'était fait une raison et, conscient de devoir déplaire, avait opté pour la solution la moins douloureuse, la déception de son aïeule n'ayant rien de commun avec la colère de son père. De sa mère, Marguerite née de Blaignac, décédée peu de temps après sa naissance, il tenait, sans le savoir, un sens inné de l'intérêt personnel. Ce talent, qui lui permettait de choisir à tout moment la direction la plus sûre, avait déjà poussé Marguerite à céder à Hector, en dépit de l'opposition de ses propres parents. Elle était belle, désargentée, courtisée par de nombreux soupirants, mais sa famille aurait préféré, à ce gendre prospère, le représentant, même pauvre et dégénéré, d'une lignée plus prestigieuse, un descendant de saint Louis ou un duc aurait mieux fait l'affaire. Passant outre les anathèmes familiaux, elle avait donc épousé ce bel homme, de petite noblesse certes, mais au tempérament sanguin et au compte en banque inépuisable. Elle n'avait jamais regretté son choix, la richesse lui ayant fort bien réussi. La nature cependant s'était avérée un obstacle cruel. Comme un avertissement, elle avait échoué durant sept ans à produire l'héritier tant attendu, puis était morte de septicémie une semaine après l'accouchement.

À 12 ans, Ferdinand fut envoyé avec son précepteur à Southampton, afin d'y parfaire sa maîtrise de l'anglais et d'y étudier le négoce des vins. L'année suivante, il observa avec passion la construction de la tour Eiffel, visitant le Champ-de-Mars au moins une fois par jour et posant mille questions au chef de chantier, jusqu'à devenir une figure incontournable des lieux. Les ouvriers, fiers de l'intérêt que leur portait le jeune homme, le saluaient tous les matins en l'appelant Monsieur Ferdinand. Il avait su déguiser son appétit pour le dessin en nécessité technique, croquant sur son carnet, non pas les portraits et les paysages auxquels il aspirait secrètement, mais les verrières et les ponts que lui offrait son époque. Sur l'immense esplanade où se dresserait bientôt l'exposition universelle, le palais des Beaux-Arts jouxtait la galerie des machines. Pour contenter son père, il privilégiait donc les natures mortes. C'est assis sur un tabouret pliant que chaque matin, d'un œil aiguisé et professionnel, il griffonnait l'ascension irrémédiable de la tour d'acier, notant chaque nouveau prolongement, magnifiant les perspectives. Son précepteur, toujours au courant des dernières nouvelles, l'informait alors des avancements du chantier, des potins et des rumeurs. On racontait un peu partout que Gustave Eiffel avait menti quant aux dimensions véritables de la tour. Une fois les premiers nuages atteints par l'édifice, la construction continuerait à l'abri des regards jusqu'à une altitude tenue secrète. Dans quel but ? Nul ne le savait avec précision, mais Ferdinand était sensible au caractère loufoque de cette légende. Si la tour montait effectivement jusqu'aux cieux, peut-être pourrait-il l'emprunter pour y trouver sa mère. Camille Flammarion lui-même, avec qui il s'était entretenu grâce aux amitiés de son père, ne l'en avait pas dissuadé. « Mon jeune ami, avait déclaré l'astronome, bien que votre idée soit quelque peu fantaisiste, en effet, je doute que Monsieur Eiffel soit aussi romantique que vous l'imaginiez, on ne peut exclure tout à fait l'existence d'un lieu où les âmes des trépassés pourraient séjourner en toute quiétude, libérées par la mort des aléas de la chair. Si cet endroit existe, pourquoi ne pas le situer entre ce monde-ci et celui des planètes que j'observe dans mon télescope ? Quoi qu'il en soit, j'aimerais toucher un mot à ce Monsieur Eiffel, sa tour ferait un observatoire bien commode et ce, quelle que soit sa hauteur définitive. »

Pascal avançait maintenant sur le cours Albert-Ier. Les voitures plus nombreuses faisaient vibrer la chaussée. Dans son dos, la tour Eiffel s'éteignit, ne laissant plus dans le ciel noir qu'un fanal écarlate, suspendu au tissu de la nuit. Il fallait retracer le fil de cette vie pour en comprendre l'attrait, dénouer l'imbroglio familial, recomposer une trame. Les morceaux du puzzle venaient s'agglomérer comme de petites pièces aimantées. Qu'y avait-il derrière ces souvenirs étrangers, ces lectures, ces tentatives de réflexion pour l'obséder ainsi ? C'était le clou du spectacle, une sorte de numéro funambulesque où vie et œuvre ne faisaient plus qu'un, l'origine, la tête de cortège. Il frissonna. Tous ces guignols venaient le hanter, lui tirailler la conscience et la mémoire. Avant même la naissance de ce fichu pantin qui lui faisait oublier tous les autres, quelque chose le tracassait dans l'exposition de cette famille. Il se retrouvait dans ces gens.

La trajectoire prenait maintenant des allures de pèlerinage. Derrière Pascal, la ville sombrait dans une opacité totale. Les monuments, une fois dépassés, cessaient d'exister dès qu'on les perdait de vue. Au contraire, il est des peuplades pour qui le passé est toujours devant soi. À leurs yeux, c'est bien le futur, obscur et indéfini, auquel on tourne le dos. Arrivé place de la Concorde, il ne restait plus de la tour qu'un souvenir éthéré, une trame à peine esquissée. Il était maintenant difficile d'imaginer que l'objet, aussi démesuré fût-il, ait jamais pu étinceler. On pouvait désormais regarder vers Grenelle et rêver aux temps de son érection fantomatique.

C'était un rêve, un délire d'ingénieurs, une lubie de petit garçon qui croit toucher les astres, parler aux morts et gravir les marches qui le séparent du cosmos. Mais l'enfant avait grandi et la construction de la tour s'était achevée, aussi banalement qu'un pont, aussi tristement qu'un jeu de construction aux propriétés finies, résistance des longerons, masse de l'édifice, corrosion de l'acier. Il faudrait encore attendre pour voir maman aux étoiles.

À 18 ans, bachelier émérite, Ferdinand n'eut aucune difficulté à intégrer l'école polytechnique. Son expérience précoce des ouvrages d'art et des bâtiments métalliques faisait de lui un sujet de contentement pour ses professeurs. On se félicitait d'avoir sous la main un futur ingénieur de premier ordre, un expert de la fonte, un véritable prodige du rivet. Enclin à la précision par nature et soumis à la discipline militaire, Ferdinand apparaissait comme l'expression du génie français, un être pétri de tradition et de modernité, la fine fleur d'une génération vouée à la grandeur de la patrie.

Son père, quant à lui, s'accommodait fort bien d'une République à la fois conservatrice et largement corrompue. Les institutions lui importaient peu, du moment qu'il en eût le contrôle. L'aristocratie de vieille souche n'ayant que mépris pour ses affaires et celles des parlementaires, il avait, en réaction, accumulé une fortune considérable, bâtissant un véritable empire là où d'autres ne voyaient que châteaux en Espagne. Il possédait tout, amassant de nouveaux titres, ne se séparant d'un bien qu'à contrecœur et dans le but unique d'en acquérir un autre plus important. Il gagnait plus souvent qu'il ne jouait, empilant les briques d'un édifice industriel et financier sans précédent. Il n'était pas rare que le président du Conseil lui-même le fasse mander dans ses appartements privés pour recueillir son avis. Il avait commencé par racheter la totalité de la filature de Roubaix, n'aimant rien tant que la revanche sur des aléas politiques qu'il ne contrôlait pas. À la faveur d'un revirement de marché, le textile avait repris sa progression spectaculaire et le moment lui avait paru opportun pour investir à nouveau dans cette manufacture qui lui avait permis de démarrer. Il avait un sentiment particulier pour cette usine qu'il n'avait pourtant jamais vue et pensait souvent à s'y rendre comme on se rend en pèlerinage dans un lieu saint pour y déposer un ex-voto en témoignage de gratitude. Ce n'était plus une seule usine qu'il possédait alors, mais des dizaines, disséminées aux quatre coins de la France. Il avait ensuite entrepris d'acheter les mines qui alimentaient les machines en charbon, puis les chemins de fer qui transportaient la marchandise et enfin les journaux qui en vantaient les mérites. L'acquisition récente de plusieurs députés, dont le nouvel objectif était de rédiger des lois lui étant favorable, venait parachever cette construction. Son fils faisait également sa fierté. Il lui avait tracé un avenir de géant afin d'assurer à la dynastie une pérennité inébranlable. Il avait su rester sourd aux injonctions familiales, aux pressions de toutes sortes, au souvenir même de son épouse défunte, mais le résultat était maintenant là. Une fois ses études terminées, Ferdinand rejoindrait son père à la tête de l'empire Sastres. Tous ces efforts ne seraient pas vains.

En effet, lorsque le brillant polytechnicien, coiffé de son bicorne, eut enfin défilé sur l'hippodrome de Longchamp, il entra au conseil d'administration, arène feutrée où se jouait désormais l'avenir du pays. Durant sa formation, il avait souvent rêvé à une forme de combat patriotique. Cet élan partagé par tous ses camarades était exalté par les officiers instructeurs qui, marqués par la défaite de 1870, attendaient patiemment l'heure de la revanche. Il lui faudrait à présent investir cette énergie guerrière dans un combat moins physique, mais tout aussi crucial pour le rayonnement de la France et la satisfaction de son père. Le capitalisme s'avéra tout à fait à la hauteur de ces espérances juvéniles. Le palais Brongniart pouvait se révéler le plus cruel des champs de bataille et le silence étouffé des salons plus insupportable encore que le hurlement d'un fantassin blessé au combat. Dans cet univers-là, on tuait sans bruit, sans faire de vague. Les éclaboussures tachaient de manière irrémédiable. Des fortunes entières changeaient de mains en un éclair. « Comme toutes les autres, cette guerre vaut certainement la peine d'être menée », se disait-il en regardant son père crucifier des milliers de petits porteurs sur l'autel de leur réussite commune. Une cause supérieure, seulement perceptible par une élite, devait être à l'origine de cette intransigeance.

Bien que destiné à la défense de l'honneur et à l'exercice de la droiture, il lui fallut apprendre au plus vite la traîtrise, les coups bas, ainsi que la rancune. Ce fut une leçon bien vite assimilée.

Les ponts, les tunnels et les mines n'étaient plus que de lointains objets entre lesquels naviguait le capital comme un navire sans port d'attache. Il lui arrivait encore parfois de se rendre sur des chantiers, voyageant pour le compte de son père désireux de connaître avec exactitude l'avancement de certains travaux. Il fallait savoir avec précision et avant tout le monde afin de spéculer convenablement, faire courir de fausses rumeurs le cas échéant. La maîtrise de l'information était la clé de la réussite boursière. Ces voyages étaient toutefois épisodiques et trop brefs pour que Ferdinand puisse apprécier le travail réalisé à sa juste valeur. Il eût aimé prendre le temps de sortir son vieux carnet à dessin, s'asseoir une heure sur un monticule rocheux pour y croquer les poutrelles métalliques, les entrelacs de câbles. La fumée des machines le grisait toujours, le laissait meurtri sous le coup d'une brusque nostalgie. Il enviait souvent ses interlocuteurs qui, au lieu de brasser des millions, construisaient simplement des routes, des ports et des verrières, avec toute la rectitude et le savoir-faire qu'on leur avait enseignés. Il avait bien essayé de convaincre son père de financer ces infrastructures sur le long terme, mais la réalisation de grands travaux ne retenait son attention que dans la mesure où ils lui promettaient une plus-value immédiate. L'avènement de la société par actions marquait l'apogée d'une nouvelle ère.

Il rentrait ensuite à Paris, bercé par la déception et le mouvement régulier du train, regardant par la fenêtre la campagne défiler. On roulait parfois jusqu'à cent kilomètres heure et la distorsion du paysage, la succession rapide des arbres bordant la voie ferrée le plongeaient dans un état d'hypnose à la fois étrange et délicieux. Il était curieux de constater à quel point le progrès apportait l'oubli. Il se laissait aller à cet engourdissement des sens qui parfois libérait ses pensées du poids du devoir et des conventions. Il imaginait alors la vie qu'il aurait pu avoir. Il songeait à ses grands-parents décédés, au château qui, depuis leur disparition, restait vide, immense et désolé. Son père vendrait sans doute la propriété, les meubles et ce qu'ils avaient accumulé au fil des années avec son consentement. Pour lui, tout n'était que vieilleries sordides, colifichets obscènes. Comme l'argent qu'il manipulait, il paraissait sans maître, libre, un véritable mercenaire. Le futur était son seul foyer, le pouvoir, la seule compagne que Ferdinand lui ait jamais connue, une maîtresse exigeante et vénale. Il était inutile de se battre contre sa volonté, une perte d'énergie ridicule. Avec le temps, il avait appris à subir le sort que son père lui réservait comme d'autres se résignent à marcher dans les voies divines et mystérieuses. Il était une sorte de Job que le Seigneur n'aurait pas éprouvé, mais au contraire récompensé en permanence. Il avait tout et même plus encore. Son désert était fait de velours et de damas, mais il ne s'appartenait pas, car il était le fils, la créature, et son destin était écrit par son géniteur. Il n'avait pas le courage de fuir, car son départ aurait signifié sa ruine et le confort était devenu son seul repère. Il ne voulait pas partir car il espérait encore susciter une affection véritable qui remplacerait enfin le luxe et les cadeaux. Il ne pouvait s'en aller et risquer ainsi de rompre le seul lien, aussi étrange fût-il, qui l'unissait à cet homme, désormais sa seule famille. L'unique pouvoir de Ferdinand résidait donc dans son célibat. Tant qu'il occupait le bout de la chaîne, il se sentait comme protégé, immunisé contre l'oubli et la mort. Il était convaincu qu'un enfant le rendrait dispensable, superflu. L'attention de son dieu se reporterait alors sur le nouvel héritier. En dépit des suppliques de plus en plus insistantes d'Hector, il était resté sourd à ses propositions de mariage. Placé malgré lui dans une situation de dépendance, il jouait parfaitement son rôle, jusqu'à refuser d'en changer le moment venu. Puisqu'il était le fils, le fils il resterait. Sans descendance, il savait qu'il le tenait.

Il en fut ainsi de sa jeunesse docile, de sa rébellion silencieuse. Les années passaient, le laissant toujours un peu plus riche, toujours aussi malléable, jusqu'à ce que la guerre, la grande, vienne enfin le tirer de sa torpeur filiale. Il avait rêvé de peindre ses semblables et avait dû y renoncer. Il avait souhaité bâtir des édifices grandioses et s'était contenté de regarder les autres y parvenir. Cette fois, la nécessité frappait à sa porte, lui permettant enfin de s'émanciper. Il allait en découdre, laver l'honneur du pays dans le sang. À 39 ans, il en paraissait vingt de moins, sa vie n'ayant pas changé depuis qu'il avait quitté l'école et cette énergie qui bouillonnait en lui depuis si longtemps allait enfin pouvoir s'exprimer sur le champ de bataille. Gradé et encore en âge de servir, il fut appelé sous les drapeaux dès les premiers jours de la mobilisation. Elle était enfin là cette guerre que tout le monde attendait, lui encore plus que les autres, depuis si longtemps. On espérait qu'elle fût courte et glorieuse. On chantait sur les quais de gare. On s'embrassait en promettant un retour rapide. Sans oser l'admettre, il souhaitait au contraire une guerre de Cent ans, une bataille sans fin qui l'éloignerait de chez lui pour toujours. Il n'avait plus besoin de fuir car la patrie le réclamait. Il n'y avait rien à y faire. Cette obéissance-là était un tel soulagement. Jamais on ne vit soldat plus décidé. Chez lui le patriotisme le disputait à la soif de liberté. La discipline militaire lui paraissait bien douce en comparaison de l'enfermement paternel dans lequel il s'était complu, tout d'abord par nécessité, puis par lâcheté.

Évidemment, Hector ne l'entendait pas de cette oreille. Bien que la guerre fût également pour lui une occasion de se réjouir, car il avait récemment investi dans une importante usine de munitions, voir son fils lui échapper était insupportable. Non seulement, il quittait la maison, la direction du groupe, mais l'unique héritier du fonds de placement Sastres, oubliant ses responsabilités envers son père et son destin, s'en allait pourfendre le général Graf von Schleiffen et l'armée prussienne à lui tout seul. Il ne connaissait que trop bien cet enthousiasme imbécile, si commun chez les garçons de ferme, qu'il avait longtemps combattu afin que son fils devienne enfin un homme raisonnable. Tous ses efforts étaient maintenant contrariés. Ce crétin immature, dont il fallait en permanence juguler la fougue, allait se faire tuer sous la mitraille allemande. Il tenait ça de sa mère. Cependant, Hector n'était pas homme à se laisser manipuler par les événements. Depuis l'épisode de la Manufacture des fils et coupons de Roubaix, il avait appris à composer avec l'adversité. Après tout, Ferdinand n'était pas indispensable à l'état-major. Il lui aurait été si facile de décrocher son téléphone, d'appeler le général Joffre en personne pour lui demander un passe-droit. Il était à nouveau l'un des principaux fournisseurs de l'armée et, malgré son grand âge, ses désirs avaient toujours force de loi. Il savait toutefois que son fils ne supporterait pas cette déconvenue supplémentaire. Il fallait agir avec finesse.

Ferdinand rêvait déjà de la Marne, des charges sur l'ennemi en déroute, de la franche camaraderie des bivouacs. Au lieu de cela, il se vit affecter au quartier général des forces alliées, à Châtillon-sur-Seine, trois cents kilomètres au sud du front. Capitaine du génie, il pensait dynamiter des ponts. Il se retrouva derrière un bureau à signer des demandes de matériel. Il en était ainsi des aléas de la guerre. Pendant que ses anciens camarades donnaient leur vie dans les tranchées, il gérait la paperasse, voyant passer sur son maroquin les listes d'équipement correspondant à autant d'actions glorieuses. Il se demandait tout de même dans quelle mesure son père pouvait être responsable de cette situation grotesque. Pendant que les hommes faisaient preuve de bravoure sous les balles ennemies, un des meilleurs et des plus courageux officiers se voyait contraint de signer des ordres de mission en triple exemplaire. Châtillon s'avérait être un trou, si loin du conflit qu'il était difficile d'imaginer qu'il existât pour de bon. On s'y ennuyait ferme en attendant une affectation hypothétique, un remplacement, n'importe quoi. Tôt ou tard, Ferdinand saurait montrer sa valeur auprès de l'état-major. On se rendrait alors compte en haut lieu de l'erreur monumentale qui avait été commise et on l'enverrait mener une opération périlleuse. Le sort du pays était peut-être en jeu. Il fallait seulement espérer que la justice ne fût pas rendue avec trop de retard.

Il avait confiance en ses supérieurs et en son destin qui, désormais, il en était convaincu, s'écrivait tout seul, loin des manipulations paternelles.

Conformément à ses attentes, la guerre qu'on avait cru rapide s'était enlisée dans la boue, l'attente et le désespoir. Les hivers avaient commencé à se succéder, tandis que la mission tant espérée se faisait toujours attendre. Migrant avec les généraux et leurs aides de camp au rythme des victoires et des défaites, Ferdinand avait occupé ses fonctions dans un nombre grandissant de sous-préfectures et de chefs-lieux. Suivant un mouvement alternatif, le quartier général n'en finissait pas d'osciller entre la Seine et le Rhin, se rapprochant parfois d'un ennemi affaibli, avant de s'éloigner à nouveau du même adversaire devenu offensif, va-et-vient régulier du ressac militaire. Ce fut au cours d'une de ces grandes marées que le hasard permit enfin à Ferdinand de saisir sa chance. Le 15 septembre 1916, alors que la 6e armée était mise en déroute près de Dompierre dans la Somme, un bombardement imprévu sema la pagaille parmi les généraux. En dépit des informations recueillies par les espions français infiltrés derrière les lignes ennemies, les Prussiens semblaient disposer dans cette zone d'une batterie de deux cent dix millimètres. Les obus se mirent à pleuvoir sur les officiers réunis qui se croyaient à l'abri, loin derrière la ligne de front. La première explosion désorganisa complètement la troupe. Généraux en grand uniforme, officiers, sous-officiers et simples soldats se ruèrent à l'extérieur de la mairie dans une confusion totale, cherchant à fuir par tous les moyens un danger qu'ils avaient sous-estimé. Un clairon sonna le repli, mais les hommes couraient déjà en tous sens, cherchant une issue, se jetant sur les camions, partant à pied sur les routes. Le feu nourri de l'artillerie allemande avait séparé les soldats en plusieurs groupes épars, privant les régiments de leur commandement. Ferdinand, courant derrière un fantassin, eut juste le temps de se glisser à sa suite dans une cave dont la porte était restée entrouverte. Le pilonnage dura une heure, rasant totalement le petit village de Marencourt où l'état-major avait fait étape durant sa retraite vers le Sud. Lorsque le déluge de feu s'arrêta, Ferdinand et son compagnon d'infortune sortirent avec précaution de leur ratière, en déblayant les gravats qui en obstruaient l'entrée. Le village, qu'on avait pris soin d'évacuer juste avant l'attaque, n'était plus qu'un champ de ruines et de cratères que la pluie automnale ne tarderait pas à remplir. Des monticules de pierres qui signalaient l'emplacement d'anciens édifices sortaient à présent quelques soldats poussiéreux et hagards. Le paysage champêtre était devenu minéral, parsemé de tumulus et de cairns comme un gigantesque cimetière néolithique. On se regroupait tant bien que mal, claudiquant entre les éboulis. Il fallait rassembler les hommes, dénombrer les blessés et les morts, aller chercher de l'aide. Ferdinand réalisa qu'il était le plus haut gradé parmi les survivants et, de ce fait, commença à organiser les secours. Il fallait prodiguer les premiers soins à ceux qui avaient une chance de s'en tirer, abandonner les autres à leur sort, choisir entre les deux. Après un rapide tour d'horizon, il estima que les garrots de fortune ne serviraient à rien sans une aide extérieure. Il ramassa un fusil en état de marche et désigna quatre volontaires parmi la douzaine d'hommes encore valides. La petite patrouille se lança en direction du sud à la poursuite du contingent. La route n'était plus que monticules glaiseux et ornières parsemés de silex aux arêtes tranchantes. Le crachin s'intensifia. Lorsque le groupe eut parcouru une centaine de mètres et que la clameur des râles finit par devenir inaudible, Ferdinand sentit enfin la nausée refluer. Il était impossible à un officier français de vomir devant ses subalternes. Le bombardement, la débandade générale, l'isolement et maintenant cette mission qu'il s'était lui-même assignée, tous ces éléments confortaient Ferdinand dans la certitude que son heure était enfin venue. Libéré de la pesanteur administrative, il allait pouvoir exprimer sa valeur militaire. La survie de ses camarades dépendait entièrement de lui.

Après une heure de marche éprouvante sous la pluie et le vent dans les cahots de la route défoncée, ils aperçurent au loin un clocher. Les hommes grelottaient. L'espoir de rejoindre le commandement ou même de trouver de l'aide avant la nuit s'amenuisait. Ferdinand décida de faire une courte halte lorsqu'ils seraient parvenus à l'église. Il en fit part à ses hommes et accéléra la cadence. Tout en se rapprochant de leur but, ils comprirent que l'église était le seul bâtiment encore intact d'un autre village détruit. L'édifice était encore debout et le clocher gothique qui avait dû faire la fierté des villageois pointait orgueilleusement vers le ciel d'où avaient jailli les obus. La toiture s'était en partie effondrée et les murs portaient la marque des shrapnels. Ils pénétrèrent à l'intérieur du sanctuaire sans passer par la porte. Les hommes s'assirent sur les prie-dieu encore intacts, posant leur fusil sur le sol. Tous étaient épuisés, rongés par le désespoir, la peur et le froid. Un artilleur fouillant dans les décombres de la sacristie trouva le calice contenant les hosties et, bien que croyants et conscients du blasphème, tous se partagèrent le pain consacré. Gagnés par la fatigue, ils regardaient vers le sol, fixant un point immobile et sombre dans la masse de débris. Croiser le regard de l'autre eût été trop pénible. Ferdinand pourtant se tourna vers le chœur dont les absides étaient éventrées et tomba en arrêt devant le chef-d'œuvre qui surplombait l'autel. Le retable en trois parties était toujours ouvert, comme pendant l'office. Il devait s'agir d'une peinture sur bois très ancienne, une Vierge à l'Enfant, probablement due à un primitif flamand. Il se souvenait comment sa grand-mère, durant de précieuses heures volées à Hector, l'avait initié à l'art délicat des images pieuses, des couleurs éclatantes de Van der Weyden à la pénombre de Rembrandt. La Vierge vêtue d'un manteau pourpre regardait son enfant avec intensité, tandis que de part et d'autre de l'élément central, les bourgeois d'une grande ville hanséatique, sous les traits des rois mages, déposaient leurs cadeaux en signe d'adoration. Il ne put alors s'empêcher de songer à sa mère et, frappé par la détresse de sa situation, il fut saisi par une émotion irrépressible. Ses ongles se fichèrent dans sa vareuse. Il fallait retenir les larmes, contenir ce flot qui venait de si loin et s'apprêtait à toucher terre au plus mauvais moment. Un homme, intrigué par l'attitude de son capitaine, se tourna lui aussi vers le chœur et contempla le triptyque. Bientôt, par une étrange contagion mystique en ces heures sombres d'abandon, c'est toute la petite troupe qui se mit à regarder dans la même direction. Une beauté proprement inhumaine semblait émaner du tableau et tous furent étreints par les souvenirs tendres et douloureux de leur vie passée. C'est pourquoi, personne n'entendit le sifflement de l'obus qui tombait.

C'était un cheminement, toujours le même. On ne pouvait atteindre son but directement. Il fallait tout d'abord passer par d'innombrables détours, les étapes d'une vie. Comme dans les contes pour enfants, la répétition, nuit après nuit, des mêmes péripéties, produisait un climat de confiance et de sécurité. Avec le temps, il était devenu sa propre Shéhérazade. Rien de plus rassurant en fin de compte que la biographie, aussi tragique soit-elle. Tout est déjà consommé, normé dans un cadre définitif et invariable. On peut prétendre s'émouvoir, jouer la surprise, s'interroger. La narration n'est que simulacre. On en connaît la fin. C'est précisément ce caractère factice qui procurait à Pascal un sentiment de contrôle. Il se racontait l'histoire à lui-même, maîtrisant chaque aspect maintes fois détaillé, améliorant certains passages. Il peignait mentalement la fresque de cette existence qui l'accompagnait partout comme une présence amicale et invisible. Le Louvre était maintenant distancé, livré au passé qui, à l'image d'un gros sac, s'emplissait de tous les bâtiments aperçus, de toutes les voitures déjà croisées, de tous les lieux désormais invisibles. Il pensait maintenant à la mort des bambous, à Stéphane Obéron, aux démons. La besace n'en finissait pas de se remplir. Où était donc son anomalie, son Ferdinand grimé en soldat, dans quel espace, dans quelle direction ? S'appuyant un instant contre le parapet, il plongea son regard dans la Seine. De l'autre côté, sur l'île endormie, émergeait la flèche de la Sainte-Chapelle, la forteresse noire de l'Hôtel-Dieu.

Ferdinand se réveilla. La chambre était claire. Il avait beau faire des efforts, il ne se souvenait pas s'être assoupi. Il essaya de s'adosser contre l'oreiller, mais une violente douleur à la jambe l'en empêcha. Une infirmière en cornette lui posa la main sur le front.

— Où suis-je ?, lui demanda-t-il.

— À l'hôpital, à Paris. Restez calme, vous avez été opéré de la jambe.

— Que s'est-il passé ?

— Vous ne vous souvenez pas ? Vous avez dormi presque huit jours. Vous étiez près de Dompierre dans la Somme, lorsque les Allemands ont mené une offensive contre l'état-major. On vous a retrouvé inconscient dans les ruines d'une église. Votre jambe était en très mauvais état, mais vous avez de la chance. Le chirurgien a fait des miracles.

— Je me souviens maintenant... j'ai vu la Vierge !

— La Vierge a certainement veillé sur vous mon fils.

— Non, c'est elle, c'est à cause d'elle... L'obus... Et les autres, qu'est-il arrivé à mes hommes ?

— On a fouillé dans les décombres... Mais vous étiez le seul survivant.

Il se mit alors à sangloter de rage et de frustration. Il avait failli à sa mission, la seule qui lui serait jamais confiée.

— Il faut que je retourne là-bas, dit-il, tout en essayant de se lever malgré la douleur.

— Ne faites pas l'enfant. Il n'y a plus de là-bas pour vous. Votre blessure n'est pas vitale et vous pourrez conserver votre jambe, ce qui est rarement le cas, mais il vous faudra dorénavant marcher avec une canne. L'armée n'a plus besoin de vous. Vous pouvez remercier votre père.

— Comment ?

— Sans lui, on vous aurait sûrement amputé sur place. Dès qu'il a eu vent de votre blessure, il vous a fait transporter ici pour que les meilleurs médecins puissent s'occuper de vous.

— Le regard… C'est le regard qui les a tués… Pourquoi le tableau m'a-t-il épargné ? Pourquoi moi ?

— Vous délirez mon fils. Il vous faut du repos maintenant, beaucoup de repos.

Ferdinand resta alité pendant un mois, abattu par une profonde mélancolie bien plus que par les éclats de métal qui lui avaient lacéré la jambe gauche. Les visites de son père alternant avec celles du médecin chef ne lui apportaient que très peu de réconfort. Le premier parlait de son retour au sein du conseil d'administration avec une ferveur quasi religieuse, le second évoquait des séances de rééducation dispensées dans une ville d'eaux. Chaque jour, il regardait la fenêtre en espérant pouvoir s'y rendre et regarder au-dehors. Il savait bien sûr où il se trouvait, mais contempler la ville depuis sa chambre lui aurait été d'un grand secours. Il finit même par en rêver, imaginant au-delà des murs de l'hôpital une cité immense et fantastique dans laquelle tous les monuments du monde se trouvaient réunis, la Grande Pyramide et le Ponte Vecchio, Angkor Vat et les pagodes du Tonkin. C'était là, sans nul doute, le souvenir de sa première exposition universelle et de ses pavillons qui continuait de le hanter. Au bout de quinze jours, il eut enfin la permission de se tenir debout et de faire quelques pas, accompagné d'une infirmière et s'appuyant sur une béquille. Il se rendit à la fenêtre et regarda l'Hôtel de Ville, le pont d'Arcole et les voitures à cheval. Cette vision simple et dénuée de sens, ce petit bout de paysage citadin, lui redonna enfin le goût de vivre. Il insista pour qu'on ouvrît la vitre en dépit des remontrances de l'infirmière et du climat pluvieux d'octobre. Il passa ensuite la tête à l'extérieur, puis inspira de toutes ses forces. Ça sentait le charbon.

On l'envoya en cure à Barèges, au pied des Pyrénées enneigés. Le voyage en train lui parut interminable, une journée et une nuit pour traverser ce pays qui semblait épargné par la violence. À Lourdes, la plupart des estropiés descendirent en quête d'une autre forme de guérison. Des compartiments de troisième classe émanait une rumeur, une complainte, un interminable Ave Maria. On parlait de la béatification de Bernadette, d'un geste du Saint-Siège en faveur des pèlerins de plus en plus nombreux. Il regarda les soldats brisés, les infirmières, les brancardiers claudiquer sur le quai en direction de la grotte. Il avait perdu la foi. Ce drôle de défilé lui parut soudain terrible et pathétique. Dans le lointain, on entendait chanter des hymnes. La ville tout entière bruissait d'une prière continue. La vision du tableau ne l'avait plus quitté depuis qu'il s'était réveillé dans sa chambre immaculée de l'Hôtel-Dieu. Il sentait une rage sourde lui soulever la poitrine à cette simple évocation.

Barèges était une station thermale où les officiers convalescents étaient envoyés par le ministère de la Guerre. Dans la souffrance physique et morale survivaient tout de même les privilèges. Alors que la bataille de Verdun touchait à sa fin et que le pays tout entier payait en vies humaines un tribut considérable, la petite ville et son établissement de soins semblaient préservés du conflit par un halo joyeux et pimpant. À l'exception du défilé de gueules cassées qui reliait quotidiennement le Grand Hôtel au lieu de la cure, il était impossible d'imaginer que quelque part en France se déroulât une boucherie si considérable. Sans les journaux qui, relayant les nouvelles de Paris, se faisaient l'écho de la censure militaire, on eût pu croire à une ville hors de l'espace et du temps, peuplée seulement de mâles difformes, le visage le plus souvent couvert d'une voilette noire. « C'était le cirque tout court non loin du cirque Gavarni », pensait Ferdinand tout en maudissant la légèreté de sa blessure. Non seulement il avait failli, mais sa punition s'avérait dérisoire et humiliante. Il aurait voulu être défiguré, porter dans sa chair la trace de son échec. Ses compagnons de cure étaient de véritables héros. Ils avaient payé le prix fort pour la défense de leur pays. Désespérément, il cherchait une valeur à laquelle se raccrocher. Dieu et tous ses saints s'étaient enfuis, laissant le monde à sa ruine prochaine. Le hasard, la justice et même l'armée l'avaient trahi. Il savait qu'il ne pouvait retourner au monde de son père. La liberté qu'il avait cru conquérir était devenue son purgatoire intime, le *no man's land* comme disaient les Anglais, qui sépare les tranchées adverses. Qu'allait-il devenir ? La seule image à contempler, la seule force encore suffisamment puissante pour être suivie dans ce champ de bataille morne et désolé était ce regard maternel qui le hantait jour et nuit. Il se mit debout, jeta sa canne sur le sol et tenta d'avancer. Le genou évidé céda sous le poids de son corps et il s'écroula de tout son long sur le carrelage de la chambre. En heurtant le revêtement dur et froid, il sentit soudain comme un apaisement de la chair et de l'âme, une forme étrange de salut. Il rampa jusqu'à son lit et s'y allongea sur le dos. Par la fenêtre, il distinguait les étoiles qui scintillaient dans le ciel pur et sombre des montagnes, Rigel, Saiph, Bételgeuse et Bellatrix.

Il se souvenait parfaitement des leçons de Camille Flammarion. Leur clarté intermittente semblait lui envoyer un message codé, court-long, court-long-court, long… La cure était venue de la terre et du ciel. Il savait désormais quoi faire.

Toute sa vie passée lui apparaissait maintenant comme un prologue, un échauffement nécessaire afin que son existence véritable puisse enfin débuter. Il rentra subitement à Paris. Profitant du voyage en train et de ses longues heures solitaires, il passa en revue les années qui venaient de s'écouler, regrettant seulement de ne pas avoir compris plus tôt. Songeant à sa grand-mère, il voyait bien que le sens de la vie consistait non à être découvert, mais à être inventé. Depuis trop longtemps victime des circonstances, il réalisait enfin que son père seul avait su créer l'environnement nécessaire à son propre épanouissement et que l'exemple à suivre, contre toute attente, était précisément le sien. À son image, il fallait tout détruire, piétiner les valeurs de la génération précédente pour affirmer son indépendance. Mieux valait tard que jamais. Comment avait-il pu être aussi lâche ? Pendant toutes ces années, il avait fui en vain l'unique modèle susceptible de lui apporter le bonheur et se tournait maintenant vers lui. Comme il était curieux cependant de devoir agir de la sorte. La ressemblance véritable ne consistait donc pas à susciter l'approbation paternelle, mais bien au contraire à provoquer la rupture.

Le mercredi suivant, alors que son père et tous les administrateurs du groupe l'attendaient boulevard des Italiens pour leur réunion hebdomadaire, il décida sciemment d'arriver en retard. En route vers la salle du conseil, il fit signe au cocher de s'arrêter, puis descendit du fiacre. Il se rendit tout d'abord à la banque et retira tout l'argent disponible sur son compte. Ses émoluments d'administrateur, sa solde d'officier, ainsi que les économies qu'il avait pu réaliser lui suffiraient pour tenir ce qu'il imaginait déjà être un siège. Il se rendit ensuite sous les arcades du Palais-Royal et entra dans une boutique de sa connaissance. Il y acheta une canne en bois de rose, dont le pommeau ouvragé avait été taillé dans une dent de narval. Ce genre d'extravagance ne lui ressemblait guère. « L'argent est une chose trop importante pour être dépensée à tort et à travers », répétait souvent son père et il ressentit une certaine fierté d'avoir ainsi enfreint la règle. Il reprit ensuite le fiacre et se rendit au conseil d'administration, comme il s'était rendu tous les matins durant deux ans au quartier général des forces alliées. Un commandement chassait l'autre, songea-t-il. C'était la loi des enfants dociles, écoliers, soldats, aspirants. Toute une vie de soumission. Il entra dans la grande salle où ces vieux messieurs l'attendaient avec impatience et s'assit tranquillement à sa place, à la droite du chef suprême. Ceux qu'il avait vus autrefois comme les créanciers de l'empire colonial, ces petits bonshommes moustachus et grisonnants qui finançaient la victoire, lui apparaissaient désormais comme des profiteurs de guerre. La lueur de désapprobation qu'il avait lue dans les yeux de son père ne l'accabla pas le moins du monde. Son retard n'était qu'un préambule. Une nouvelle ère commençait. La société par actions avait fait son temps. Elle pouvait bien augmenter son capital, émettre de nouveaux titres, conquérir des marchés exotiques, il s'en fichait pas mal. Les vœux de bon retour ayant été vite formulés à l'égard du héros blessé, la longue litanie des pourcentages commença. Le tour de table se résumait à une énumération des diverses branches du groupe et de leurs résultats. Au fil du temps, elles étaient devenues si nombreuses qu'une demi-journée ne suffisait plus à toutes les dénombrer. Il songea un instant aux mines, aux journaux, aux chemins de fer, aux laminoirs, à la fonte, aux rivets, au coton, aux filatures, aux ateliers de confection, aux grands magasins, aux automobiles, aux imprimeries, aux tunnels et aux ponts pour lesquels il avait toujours une affection particulière, aux charpentes métalliques, aux verreries, au téléphone, à l'électricité, aux dynamos et aux magnétos. La tête lui tournait. Il demanda la parole : « Messieurs, avant que vous n'entamiez cette révolution silencieuse qui consiste pour les astres à faire le tour du ciel et pour les capitalistes que nous sommes à faire le tour de la table, j'aimerais vous dire un mot, un mot seulement. Comme Monsieur Berchet l'a si gentiment rappelé tout à l'heure et bien qu'ici personne ne l'ignorât, je vous ai quittés voilà deux ans la fleur au fusil et je reviens aujourd'hui la canne à la main, canne d'ailleurs fort élégante, vous en conviendrez et fort chère que je me suis offerte pendant que vous m'attendiez bien sagement. N'y voyez là aucune malice Messieurs, mais la guerre que l'on croit jolie est en réalité bien laide et confère à ceux qui l'ont faite le droit de disposer du temps qu'il leur reste à vivre comme bon leur semble. » Il ouvrit le porte-document qu'il avait posé sur la table et en sortit une liasse de papiers. « Vous trouverez ici mes lettres de démission dûment datées et signées. Je renonce à mon poste d'administrateur, à celui de directeur du conseil exécutif du groupe Sastres, à celui non moins ronflant de commissaire adjoint aux comptes et à celui d'inspecteur général des ouvrages techniques. En bref, Messieurs, je renonce à tout et vous quitte pour toujours. Je n'ai jamais fait partie des vôtres. C'est une étrangeté, une fantaisie du sort qui m'a placé en ces lieux et sans les horreurs de cette guerre, je n'en aurais jamais rien su. Père… je vous salue. » Il ramassa la canne qu'il avait posée contre le bord de la table en acajou, son chapeau-melon, et sortit sans jeter un seul regard à qui que ce fût. Une fois à l'extérieur, il inspira profondément et ressentit avec une acuité inégalée cette même liberté qu'il avait connue pour la première fois devant la fenêtre ouverte à l'hôpital. En montant dans le fiacre familial, qu'il empruntait pour la dernière fois, il frappa la portière avec sa canne pour faire signe au cocher et, sans même une valise, alla s'installer au bordel.

Durant deux jours, il vécut un moment d'intense exaltation. Plus que les alcôves, qu'il fréquenta également, c'étaient les salons du Montyon qui l'intéressaient au plus haut point. On y croisait toutes sortes de gens du meilleur monde, des intellectuels et des artistes dans une atmosphère aussi détendue que stimulante pour l'esprit. Les poètes et les peintres côtoyaient les hommes d'affaires. Les actrices s'y reposaient après leurs représentations. Sarah Bernhardt ne venait plus guère partager ces moments à la fois intimes et cordiaux car son grand âge la retenait chez elle. On voyait parfois Fréhel hanter les couloirs et fredonner de temps à autre pour ses amis de passage une complainte réaliste. Colette, quant à elle, était une habituée et ne quittait jamais son divan préféré. C'était l'endroit qu'il avait choisi pour débuter sa nouvelle vie, un lieu débordant d'énergie où battait le cœur d'un Paris, lui aussi épargné par la guerre. À l'exception des sacs de sable qui enrobaient les monuments comme une peau disgracieuse et marronnasse, la ville semblait pétiller d'un désir inégalé. Décidément, il commençait à croire que seuls les pauvres gars du front se préoccupaient encore de ce conflit qu'on disait pourtant mondial. Au matin du troisième jour, on vint frapper à sa porte. Il était inhabituel de recevoir une visite aussi matinale dans un lieu comme celui-là. Il eut à peine le temps de passer un déshabillé de soie bleue qui traînait près du lit depuis la veille au soir. Les plumes de marabout qui en ornaient le col lui chatouillèrent inopinément les narines et il éternua tout en ouvrant la porte. Il reconnut immédiatement le domestique de son père. Pour la première fois, il eut honte de la situation et le rouge lui monta aux joues, tandis qu'il serrait les pans de soie transparents sur sa poitrine dans un geste à la fois convulsif et ridicule. Puis il se ressaisit quelque peu et décida d'assumer sa liberté toute neuve. Il ouvrit alors franchement la porte et le pria d'entrer, tout en feignant une désinvolture qui ne trompait en réalité personne. Il se souvenait avoir laissé un gros pourboire au cocher afin qu'on ne découvrît pas son repaire et réalisa qu'il avait dû se produire quelque chose de grave pour que son secret soit si vite éventé. Comme il l'avait imaginé, son discours avait fait grande impression sur l'assistance médusée. Son père, le marquis Hector-Marie de Sastres, en était mort, tout simplement. Pas tout de suite bien sûr, les mots tuent seulement à petit feu, mais durant la nuit suivante. La colère s'était muée en une congestion de la poitrine qui avait entraîné l'arrêt du cœur aux premières heures du matin. Ferdinand héritait de tout. Il aurait dû s'effondrer, se flageller pour un crime qu'il n'avait pas consciemment souhaité, mais qu'il avait pourtant commis et que le monde entier lui reprocherait certainement. Là-dessus, le regard du domestique ne trompait pas. Au lieu de cela, il se demanda si la mort du conquistador n'était pas un ultime stratagème pour l'enchaîner à tout jamais au rôle qu'il lui avait choisi. Le vieux était fourbe. Il savait que l'héritage était l'arme du dernier recours, la grosse Bertha d'un patriarche trahi par son propre fils. La démission de Ferdinand s'avérait à présent totalement inutile. Même dans la mort, le bougre semblait encore tirer les ficelles.

Il était désormais le maître d'un monde qu'il avait voulu quitter. Sa tentative de fuite se soldait par un nouvel échec. Pourtant, même les monarques de droit divin avaient la possibilité d'abdiquer. Pourquoi lui refusait-on alors une prérogative si naturelle ? La contrainte était lourde. Il lui restait toutefois une carte à jouer, une seule. S'il ne pouvait totalement échapper à la richesse, il pouvait cependant se délester de ses responsabilités. Son père, en mourant, avait cru l'investir d'une charge héréditaire, d'un devoir filial de continuité, mais rien au monde ne pouvait plus le forcer à respecter ce dessein. Dépenser les sommes colossales amassées au cours des décennies n'était pas finalement une perspective si désagréable. Son père avait compté sur une prise de conscience à laquelle il se refusait.

Avec lui s'arrêtait net une certaine idée de la lignée. L'avarice légendaire des Sastres avait vécu. De retour boulevard des Italiens et après lecture testamentaire, il signa une procuration au doyen des administrateurs, le chargeant en son nom de faire fructifier sa fortune et les affaires du groupe. Les dividendes lui permettraient enfin de vivre l'existence à laquelle il songeait depuis son séjour à Barèges. Le reste n'avait plus aucune espèce d'importance.

Il avait l'intention de vendre le domicile de son père, la grande maison du faubourg Saint-Germain où il avait toujours vécu sans jamais s'y sentir chez lui. Le fantôme d'Hector y planerait toujours, comme une présence pleine de reproches et de désirs. Il refusait de se voir en Hamlet. Avant toute chose, il fit venir son avoué et se porta acquéreur d'un terrain à bâtir situé au 17 bis de la rue Cardinet. Il en avait entendu parler le premier soir au Montyon comme d'une affaire à saisir. Les dimensions étaient plus que respectables et le quartier en plein essor. Il prit ensuite rendez-vous avec l'architecte Gustave Malbert, qu'une collaboration infructueuse avec Victor Horta venait de libérer et que les potins mondains présentaient déjà comme un nouveau Viollet-le-Duc. Il lui montra les croquis qu'il avait réalisés après les funérailles. On y voyait l'ébauche d'un palais ajouré, une folie gothique dont l'inspiration flamande ne faisait aucun doute.

Le bâtiment semblait constitué d'une façade principale, large et percée de fenêtres à meneaux, d'un pignon triangulaire à gradins et d'un corps de logis qui se terminait par une tour d'angle. Ce donjon carré se prolongeait lui-même par une tourelle ronde, élancée et coiffée d'une flèche. De solides cheminées encadraient l'édifice de briques rouges et de pierres noires. La porte d'entrée monumentale ouvrait ses battants au centre d'un tympan ogival qui rappelait ceux des plus grandes cathédrales. L'aspect général de l'édifice autant que la tourelle qui le bordait rappelaient sans nul doute l'église de la Somme où Ferdinand avait découvert le retable. Il avait dessiné sans malice, sans arrière-pensée, puis s'était rendu compte au bout d'un moment de la ressemblance évidente. Il avait transformé l'église en maison flamande, le clocher orgueilleux en pigeonnier. Cette découverte le tourmenta quelque peu, avant de le satisfaire. Sans comprendre pourquoi, il tirait un certain plaisir de ce plagiat innocent. L'architecte, quant à lui, sembla se piquer au jeu :

— Monsieur de Sastres, si vous me laissez faire, j'ai bien peur que le baron Haussmann n'en meure une seconde fois.

— Je vous en prie, je ne suis plus à ça près. Je souhaiterais également qu'il y ait un jardin d'hiver avec une verrière. Ce ne sont là que les éléments principaux. Conservez l'esprit et la disposition générale, pour le reste, faites selon votre goût. J'attends vos suggestions.

Pour ce vaste quadrilatère encore disponible de la plaine Monceau, Malbert imagina un hôtel particulier aux dimensions remarquables. De sa rencontre avec Horta, il avait gardé un attrait pour les motifs végétaux. Sa parfaite connaissance de l'architecture médiévale se doublait d'une fantaisie peu commune et d'un sens évident du grotesque. Il avait également voyagé et s'était imprégné de figures orientales, des entrelacs arabes aux dragons chinois. C'est pourquoi, les premiers dessins qu'il rendit à Ferdinand provoquèrent chez lui un choc autant affectif qu'esthétique. Son rêve de convalescent lui revint soudain en mémoire. Tous les monuments du monde se côtoyaient dans une ville sereine et pourtant inaccessible. Le rêve était maintenant bien là, devant lui, réalisable. La façade flamande était toujours la vitrine d'un édifice qui s'était pourtant étoffé, tant en dimensions qu'en ambitions plastiques. Le tympan gothique se voyait désormais encadré par une paire de taureaux assyro-babyloniens. Partout, des hauts-reliefs et des mosaïques ornaient les pierres nues. Le pignon crénelé prenait des airs de pagode. Les fenêtres à meneaux possédaient à présent des persiennes de bois laqués rouge. La tourelle en surplomb avait conservé sa flèche métallique, tandis que sa base, désormais enchâssée dans l'émail bleu, lui donnait des allures de minaret. Au centre du bâtiment rectangulaire, invisible depuis la rue, trônait une cour coiffée d'une immense verrière. Les montants de fonte qui en supportaient le poids semblaient jaillir du sol comme des baobabs industriels aux ramifications diaphanes. L'acier paraissait ici épouser les formes voluptueuses des plantes exotiques qu'on viendrait admirer. Le clou de ce spectacle, par avance grandiose, serait une cascade artificielle qui, se jetant d'une falaise couverte de mousse et d'orchidées, ferait ensuite bouillonner un large bassin tropical. Il y avait du château de Neuschwanstein, aussi bien que des mille et une nuits dans ce délire architectural. Malbert, qui jusqu'à présent avait surtout réalisé des pavillons de villégiature en Basse-Normandie, justifia son propos par une volonté de concentrer le temps et l'espace en un lieu unique d'habitation. Son dégoût des colombages et du port de Honfleur n'avait d'égal que son attrait irrésistible pour tout ce qui paraissait exotique. Comme le Panthéon de Rome était voué à l'adoration de tous les dieux, ce palais serait dédié à tous les styles et à toutes les époques, sorte de musée vivant des civilisations.

Les travaux débutèrent le 5 janvier 1917. Malbert, surexcité par la confiance de son client, ne quittait plus la rue Cardinet où la rumeur d'une construction pharaonique circulait déjà. Des habitants du quartier s'étaient même regroupés en comité d'action afin de manifester leur mécontentement. Certains protestaient contre une dépense somptuaire réalisée en des temps difficiles, d'autres contre une esthétique encore inconnue mais de toute façon condamnable. On évoquait une pyramide égyptienne, un temple maya, ou bien une tour plus vertigineuse encore que celle d'Eiffel. Le quartier tout entier bruissait de ragots inquiets et invraisemblables. La réputation de Malbert associée à la fortune des Sastres laissait les braves gens présager du pire. Chaque jour, des attroupements se formaient devant les palissades, cherchant à entrevoir par les interstices l'étendue des dégâts. Les fondations semblaient profondes. On en concluait immédiatement à l'existence d'une crypte. On apercevait des poutrelles métalliques, ce serait donc une usine. Les spéculations allaient bon train, si bien que lorsque les murs de pierre commencèrent à sortir de terre, la foule de curieux dut se rendre à l'évidence. Il s'agissait bel et bien d'une maison, après tout. L'engouement disparut aussi brusquement qu'il était survenu. Quand les premiers éléments décoratifs firent leur apparition, Malbert s'attendit à un regain de passion dans le voisinage, mais la fièvre était retombée pour de bon. S'il ne s'agissait que d'une maison, quand bien même recouverte de hiéroglyphes et d'azulejos, on en avait vu d'autres. Il en fallait plus pour surprendre un Parisien.

Après six mois, le chantier avait déjà pris un retard considérable. Le calendrier des réalisations stagnait. La faute en incombait principalement à Malbert qui, chaque semaine, courait jusqu'au faubourg Saint-Germain pour soumettre une nouvelle idée à Ferdinand. Chaque nouveau fantasme chassait le précédent, si bien que le travail des ouvriers consistait surtout à démonter les échafaudages pour les remonter ailleurs. La disposition des pièces, leur nombre exact, l'agencement de la toiture, tout pouvait être remis en question dans un souci de perfection morbide. Le château se faisait labyrinthe, chimère à l'aspect fluctuant. Ferdinand, lui aussi préoccupé par la beauté de l'édifice, refusait de se précipiter et acquiesçait aux lubies de son employé. Sur le terrain, ces modifications constantes conduisaient au découragement. Le chef de chantier ne croyait plus à la réalité de son travail. Les maçons laissaient le ciment prendre dans les gâches. Les charpentiers s'asseyaient sur leurs poutres et buvaient du vin blanc. L'entreprise tout entière virait à la farce. Les riverains, qui se croyaient blasés, finirent par s'intéresser de nouveau au bâtiment. Les briques posées le soir étaient aussitôt enlevées le lendemain matin. Des pans de mur entiers, censés donner à l'édifice son ossature définitive, étaient rasés, puis reconstruits quelques mètres plus loin. La maison semblait se démolir à mesure qu'on l'assemblait. Non seulement l'excentricité du projet n'inquiétait plus, mais sa réalisation faisait désormais sourire. À en croire les ouvriers eux-mêmes qui, sortant de leur réserve, colportaient désormais les ragots, aucun édifice digne de ce nom ne verrait jamais le jour. Les habitants de la plaine Monceau, rassurés par la gabegie et l'ineptie du projet, avaient fini par surnommer le chantier « la déconstruction de Sastres ».

Pascal avait quitté les quais, laissant l'eau noire de la Seine aux bateaux-mouches qui rentraient à vide et tous feux éteints vers le port de Grenelle. Sa nuit était celle d'un aller-retour. Les tourelles et les chapiteaux de l'hôtel de Sens l'avaient tiré de sa rêverie aussi facilement que la façade de l'Hôtel-Dieu l'y avait plongé. Paris n'était plus qu'un miroir où se reflétait un passé composé, une création subtile et hypnotique. Quelle était la part de vérité dans ce conte ? Il lui était désormais difficile de dénouer les anecdotes lues dans les livres des détails qu'il avait probablement inventés avec le temps. Cette histoire était maintenant la sienne. S'il le désirait, il pouvait être Ferdinand. Trop souvent d'ailleurs il glissait et devenait Ferdinand. Un rien suffisait. Il fallait replonger encore, prendre son souffle avant le retour au foyer, à la douceur des mains, à l'hypocrisie du chat. Sur les murs de briques noircis, les cheminées, on pouvait encore lire à la clarté des réverbères les slogans d'anciens alcools, « Byrrh, on le boit en famille comme au café », « Dubo… Dubon… Dubonnet, c'est le quinquina parfait ». Le destin, c'était la cavalcade qui l'entraînait toujours un peu plus vers le fond obscur de ce passé étranger. Le temps était compté car il arrivait à la maison. Mais où était donc la prochaine porte ? C'était l'incertitude, la soudaineté du passage qui le poussait à avancer. L'image était nécessaire, un objet, un support où projeter son récit. Il savait qu'il lui faudrait continuer jusqu'au paroxysme, quitte à marcher sans arrêt, quitte à dépasser son objectif. Tourner autour du pâté de maisons ne lui faisait pas peur. Il l'avait déjà fait. Revenir sur ses pas pour gagner une heure le cas échéant était également envisageable. Cheminer ainsi au fil des rues et de son histoire n'aurait servi à rien en cas d'interruption. Il le savait. Une arrivée trop rapide, une erreur de calcul et tout serait à refaire. L'angoisse et son cortège de démons triompheraient alors des subterfuges. La berceuse perdrait son charme et les bambous se mettraient à fleurir. C'est au coin de la rue de Fourcy et de la rue Charlemagne que son regard fut de nouveau happé, cette fois par l'échafaudage d'un chantier de ravalement.

Au bout d'un an de tergiversations, Ferdinand choisit de mettre un terme à la mascarade. La maison tant attendue n'était encore qu'un terrain vague, un cratère boueux dont il fallait sans arrêt chasser l'eau de pluie à l'aide de pompes. Quelques pans de mur isolés trônaient au milieu de cette désolation, comme si l'édifice avait été bombardé. Des piles de matériaux de construction se dressaient aux quatre coins du chantier tels des totems indiens. Les taureaux babyloniens qu'on avait dû réceptionner, en dépit de l'arrêt des travaux, se regardaient en chiens de faïence. De profondes ornières apparaissaient dans la terre meuble aux endroits où les ouvriers avaient déplacé les briques par brouettes entières. Et si toute cette loufoquerie était finalement volontaire ?, se demandait-on dans le quartier. Les rires de la foule se muaient peu à peu en stupeur. Le XVIIIe siècle avait bien vu la création de fausses ruines. Peut-être s'agissait-il après tout d'une tentative similaire ? Ferdinand, à l'écoute de la rumeur, était bouleversé qu'on prît son rêve interrompu pour un caprice perpétuellement insatisfait. L'indécision étant la tumeur de ce projet grandiose, une mise au point s'imposait. Il convoqua Malbert, trancha de manière définitive parmi les différentes propositions et offrit une prime aux ouvriers afin de stimuler la reprise. On se mit enfin à construire quelque chose dans le quadrilatère vide de la rue Cardinet. En quelques semaines, une ébauche de palais émergea derrière les palissades, coupant l'herbe sous le pied des détracteurs et des humoristes. Après s'être interrogé, moqué, esclaffé, on ne savait plus maintenant que dire. L'architecte et son mentor avaient fini par lasser.

Le 18 août 1918, alors que les dernières offensives allemandes venaient s'écraser contre les troupes américaines fraîchement débarquées, le marquis de Sastres organisa une réception pour célébrer l'achèvement des travaux. Il invita pêle-mêle quelques ministres plénipotentiaires, des députés de la majorité et de l'opposition, des industriels et des saltimbanques, un général américain, des écrivains et des peintres. Son désir était de recréer à domicile l'ambiance cosmopolite qu'il avait connue lors de son escapade au Montyon. Le monde et le demi-monde s'y côtoieraient sans forcément se reconnaître et cette confusion lui procurait déjà un frisson délicieux. Les taureaux trônaient désormais fièrement de part et d'autre de la porte massive. Le minaret gothique s'élevait dans les airs. De loin, le palais semblait émerger d'une brume de chaleur, fruit de la canicule, comme un mirage dans l'atmosphère vibrante du Sahara. Les éléments disparates, fondus les uns dans les autres, plus que véritablement juxtaposés, contribuaient aussi à cette qualité féerique, presque immatérielle. On entrait dans cette demeure incertaine comme dans un songe oriental. Depuis la fin des travaux, le bouche-à-oreille qui, jusqu'alors, s'était cantonné au quartier de la plaine Monceau, avait enfin gagné tout Paris, si bien que les invités de nature diverse s'étaient rendus à la réception, dévorés par la curiosité. Ferdinand s'avérait très satisfait du résultat. Malbert avait su éviter les écueils inhérents à son projet, transformant ce qui aurait dû être un catalogue de citations en un chef-d'œuvre original. Les arabesques flamandes donnaient la réplique aux calligraphies japonaises, tandis que les tapisseries médiévales chatoyaient sur les ornements manuélins. Les influences les plus variées donnaient naissance à un style unique qu'on qualifierait bientôt de malbertien. Bien sûr, habiter là ne serait pas suffisant. Son ambition ne se cantonnait pas à dépenser son argent et à vivre dans un luxe à la fois étrange et tapageur. Il lui restait à donner au palais de Sastres une raison d'être, une vocation. Là-dessus, il avait une idée très précise, qu'il se faisait fort de mettre en œuvre dès la réception achevée. Les invités ne tarissaient plus d'éloges quant à l'originalité de leur hôte. Il les entraîna au travers d'innombrables salons, d'antichambres et de galeries, où les chevaliers de la Table ronde le disputaient au Grand Mogol lui-même dans une débauche de tapis, de vitraux et de cheminées. Partout régnait encore un vide relatif qu'on attribuait à l'emménagement récent. Les meubles étaient rares et distribués d'une pièce à l'autre avec une parcimonie presque monacale. Tout au long de leur périple dans les entrailles du palais, des parfums capiteux et inconnus excitaient leurs sens. Son idée avait été d'organiser une *garden-party* à l'intérieur même de la maison. Cette extravagance était rendue possible par les dimensions de la serre qui pouvait aisément accueillir une centaine de personnes. Bien entendu, il s'était gardé de mentionner ce détail sur son carton d'invitation, si bien que tous les convives, bercés de la même ignorance, croyaient se rendre à un dîner traditionnel. Lorsqu'il ouvrit la dernière porte les séparant encore du jardin, un flot de lumière jaillit dans le couloir obscur, comme une retenue d'eau ayant rompu ses digues. Les femmes laissèrent échapper un cri de stupeur, tandis que les hommes tentaient de réduire l'éblouissement en tenant leur chapeau devant leurs yeux. Il pénétra dans la serre sans prononcer un mot et la file de curieux le suivit timidement dans la clarté uniforme. On entendait le bruit mélodieux de l'eau s'écoulant dans un bassin et le cri improbable d'oiseaux exotiques. Des silhouettes commencèrent à apparaître dans la blancheur vague, les piliers bourgeonnants de la serre avaient, semblait-il, poussé jusqu'au ciel. Une fois les pupilles convenablement rétractées, la vue qui s'offrit aux convives était tout simplement grandiose. Une immense pelouse, bordée de massifs exubérants, s'étendait au pied d'une chute d'eau. La cascade, tombant d'un rocher haut d'une dizaine de mètres, faisait bouillonner un premier bassin, dont le trop-plein alimentait un étang glauque couvert de nymphéas multicolores. De temps à autre, un mouvement du feuillage aquatique trahissait la présence d'une tortue débonnaire. Plus au loin, en bordure du gazon, semblait prospérer une forêt de bambous et autres ficus arborescents, dont les entrelacs touffus donnaient au visiteur l'impression d'une jungle véritable, obscure et sauvage. Ce caractère faussement impénétrable cachait en réalité les dimensions limitées, quoique respectables, de l'ensemble. Les parois de la serre étant pour la plupart dissimulées par la végétation, on avait l'impression très nette de pénétrer dans un espace, sinon infini, beaucoup plus vaste qu'en réalité. Seul le plafond de verre, aux armatures arachnéennes, rappelait à l'observateur abusé la nature factice des lieux. Un silence de plomb avait frappé l'assistance médusée. Soudain, un perroquet aux couleurs flamboyantes traversa le ciel de la serre et rompit la contemplation dans un claquement d'ailes. On le vit survoler la cascade, puis disparaître derrière les rochers, comme si, au-delà du regard, s'étendait encore une vaste zone inexplorée où retournaient périodiquement les bêtes sauvages. Ébloui par un tel spectacle, le général américain applaudit à tout rompre et bientôt c'est l'assistance tout entière qui l'imita pour une salve de félicitations. Tout de suite après, un flot ininterrompu de questions assaillit Ferdinand. On voulait tout savoir, les hommes du mécanisme de la pompe à eau, les femmes de ces délicieuses bestioles volantes. Il répondit tant bien que mal au feu roulant des interrogations, puis pria ses convives de s'asseoir sur l'herbe. Des nappes avaient été disposées près de l'étang. Il fit un signe de la main et l'on apporta des paniers d'osier remplis de victuailles. Le soir d'été tombait doucement sur la serre et la chaleur excessive de ce mois d'août 1918 était rendue supportable par le mouvement incessant de l'eau. On bavardait. Les tortues craintives se réfugièrent à l'extrémité opposée de l'étang, fuyant cette agitation nouvelle. Ferdinand avait omis d'inviter Malbert, sachant par avance que l'architecte lui aurait volé la vedette. Il s'en voulait un peu d'avoir privé l'artiste de son triomphe, mais ce palais étant désormais le sien, il lui semblait juste d'en jouir seul. Il avait dépensé sans compter et s'accordait à penser que la générosité dont il avait fait preuve à l'égard du concepteur méritait bien cette petite manigance. Une femme très élégante s'approcha de lui pour le féliciter d'une réussite aussi éblouissante et bien que son visage lui fût familier, il n'aurait pu dire s'il s'agissait d'une des filles du Montyon ou bien de l'épouse du ministre des Pêches. Toutefois sa courtoisie n'était pas réservée à l'élite. Son subterfuge resterait un secret, car il n'avait pas eu l'intention d'en rire, ni même de participer à une révolution sociale. Son seul dessein avait été de dîner sur l'herbe en compagnie de gens charmants. Il était heureux pour la première fois depuis bien des années, heureux comme un homme qui se découvre enfin à 43 ans et réalise à quel point cette jeunesse, qu'il avait crue perdue et futile, s'avérait en fait une préparation. Il ne pouvait s'empêcher de penser que tout menait là, que sa vie entière, la mort de sa mère, la poigne de son père, la guerre, la Somme avaient permis l'aboutissement de ce projet. Il avait désormais l'écrin. Bientôt viendrait la collection.

Les semaines qui suivirent furent pour lui d'une grande agitation. Il lui fallait régler certains détails, les commandements de sa vie future. Il se mit à la recherche d'un majordome, un assistant auquel il prévoyait de confier une tâche particulièrement importante. Il lui fallait quelqu'un d'intelligent, de discret, ayant une excellente présentation et une honnêteté sans faille. Un Britannique aurait sans doute fait l'affaire. Il avait gardé un très bon souvenir de son passage à Southampton et conservait pour les sujets de Sa Majesté un respect tinté d'admiration. Par ailleurs, le candidat retenu devrait avoir une certaine connaissance des arts.

Après de nombreux entretiens, son choix se porta sur un dénommé Jacques Cherrier. N'ayant encore que 24 ans, ce jeune homme, dont le père travaillait comme gardien au musée du Louvre, avait voyagé au Royaume-Uni. Il s'était également illustré au service de la baronne de Hunttington qui possédait un pied-à-terre rue de La Boétie. De sa proximité avec les Anglais, il avait su garder une élégance retenue, ainsi qu'un sens de l'aphorisme très plaisant. De sa proximité avec les beaux-arts, il avait acquis des connaissances solides en peinture, sculpture et antiquités égyptiennes. Une fois mis en confiance et convenablement rassuré, le jeune homme pouvait même sortir de sa réserve naturelle et racontait alors ses déambulations juvéniles dans les galeries du Louvre. Plus que ses lettres de recommandation, c'est justement cette promiscuité avec les grandes toiles du musée qui décida Ferdinand. Par accoutumance progressive, ce Cherrier avait dû s'immuniser contre le pouvoir des icônes. Il avait grandi à l'ombre de Sardanapale et pouvait par conséquent soutenir le regard qui avait ôté la vie à quatre fantassins français.

Très rapidement, une complicité silencieuse s'établit entre les deux hommes. Bien que Cherrier ne comprît rien aux fantaisies de son employeur, il aimait son nouveau travail et se pliait volontiers aux règles qui devaient régir leurs rapports. Chaque semaine, selon un rituel bientôt immuable, il se rendait seul à l'hôtel des ventes. Une fois rue Drouot, il enchérissait sur des œuvres d'art que Ferdinand avait préalablement sélectionnées dans des catalogues. L'échec n'étant pas toléré, il acquit rapidement une aura de mystère et de détermination. Le petit monde des enchères, où des intervenants toujours identiques achètent et vendent successivement les mêmes objets, en fut tout retourné. Après trois mois de ce manège bien huilé, les rumeurs les plus folles allaient bon train dans le Landerneau des antiquaires. Qui pouvait bien être cet intrigant jeune homme au chapeau-melon et complet prince-de-galles qui paraissait lors des ventes prestigieuses et raflait toujours la mise sans compter ? Les collectionneurs, quant à eux, s'accordaient à mépriser le nouveau venu. Certains l'accusaient de faire grimper inutilement les prix, les autres le condamnaient simplement par jalousie. D'aucuns avaient bien essayé de lui tirer les vers du nez, mais l'homme au complet gris, comme on le surnommait à présent, restait d'un mutisme inégalé. Se tenant toujours au fond de la salle, près de la porte, il effleurait le rebord de son chapeau à l'intention du commissaire-priseur, si bien que nul ne connaissait le son de sa voix. On ne le voyait jamais rôder avant la vente comme tant d'autres acheteurs potentiels. Il ne daignait même pas observer ce qu'il achetait. Seule la victoire, quel que fût son prix, semblait compter à ses yeux qu'il avait fort beaux et assortis à son costume. C'est du moins ce que plusieurs dames de passage avaient cru noter. Ferdinand, à qui l'on rapportait parfois les bruits de la ville, s'émerveillait d'être à l'origine de tant de ragots successifs. Qu'il construisît une maison et son nom était sur toutes les lèvres, qu'il achetât quelques bibelots et c'était la déferlante de conjectures. L'anonymat ne le protégeait pas contre l'imagination des Parisiens qui était restée trop longtemps bridée durant la guerre. Une fois par mois, Cherrier se rendait à Londres afin d'assister également aux prestigieuses ventes organisées par Sotheby's. Quelques amateurs français, habitués de Drouot, l'y reconnurent à l'occasion et eurent tôt fait de colporter la nouvelle. Des deux côtés du Channel, on parlait désormais de l'étrange et richissime collectionneur. Les Anglais l'appelaient le Parisien muet, les Français le croyaient citoyen britannique. Tous voyaient en lui le prototype de l'homme moderne. Il semblait étranger à la langueur du passé, au goût du siècle que cette guerre avait définitivement enterré. Avec lui commençait cette nouvelle ère où l'achat d'une œuvre d'art nécessitait un regard d'acier, un cran de boxeur, une rapidité de coureur automobile.

On signa l'armistice. Il n'y aurait plus jamais de conflits armés. Ferdinand s'était détourné du combat bien avant son terme, comme il avait rompu ses liens avec la patrie, le monde, l'honneur même, toutes notions qui lui étaient devenues étrangères. Comme sa grand-mère avant lui, il menait sa vie depuis les remparts du château. L'agitation du monde extérieur lui semblait dérisoire et grotesque à présent. Tout ce qu'il fallait savoir se trouvait derrière la muraille, tous les dieux païens, les autels et les mitres. Il ne restait plus qu'à remplir l'espace encore vide avec les corps adéquats pour que les divinités errantes puissent enfin s'incarner. Alors seulement le passé ferait sens, les événements tragiques révéleraient leurs secrets.

Son plus grand plaisir était de réceptionner les caisses en provenance de Drouot. Rien qu'au bruit des camions, il ressentait une faiblesse dans son genou mutilé. Ce tremblement, ce léger déséquilibre avait peu à peu remplacé chez lui le désir sexuel. Quelle que fût l'heure, il se rendait en personne à l'entrée des fournisseurs et assistait au déchargement des boîtes parfois volumineuses. Il avait une admiration pour ces Savoyards qui, dans les coulisses de l'hôtel des ventes, préparaient les livraisons, bourraient les caisses avec des copeaux de bois, clouaient les planches avec précaution. Rien n'était plus admirable que ces caisses, à la fois contenants et boucliers. On transportait ensuite lesdits objets vers leur destination finale.

Souvent, le maître de maison avait une idée préconçue quant à l'emplacement définitif de l'œuvre, mais il arrivait également qu'une hésitation de dernière minute ralentît l'installation. Il était déjà arrivé qu'une caisse fût changée plusieurs fois de place, traversant ainsi les différentes ailes du palais, montant avec difficulté les escaliers. C'était alors un convoi exceptionnel, une caravane presque saharienne qui passait de pièce en pièce à la recherche d'une position optimum. Ferdinand menait la tête du cortège, observant avec minutie le moindre recoin, jetant un œil par les fenêtres, fixant parfois un point du plafond comme à la recherche de coordonnées célestes. Venait ensuite Cherrier dont la charge était de traduire les hésitations du *maestro* en termes intelligibles. Suivaient enfin une foule de domestiques soufflant et grognant sous le poids de la charge. Il arrivait également que Ferdinand, dans un accès d'humeur taquine, fît déplacer une statue de quelques centimètres, juste pour avoir le loisir d'observer la scène. La disposition était cependant cruciale. L'erreur n'était pas envisageable. On posait la caisse. Il était bien sûr hors de question de l'ouvrir. Ferdinand demandait alors à ses gens de le laisser seul. Il s'éloignait de l'objet massif et opaque, s'en rapprochait doucement, tournait autour. La bête était à nouveau là, mais cette fois domptée, rendue inoffensive par son enveloppe. Il jouissait alors pleinement de ce spectacle que personne d'autre ne comprenait. Comment aurait-il pu supporter la vue d'un tableau ? Le regard de cette Vierge courroucée par la guerre le traquait depuis le crépuscule de 1917. La mort rôdait dans les musées, les salles des ventes et tous les boudoirs de la République. Sous les vernis craquelés, dans la blancheur des marbres et le feu des émaux se terrait l'odeur de la poudre et des corps en putréfaction. C'est pourquoi il ne se rendait jamais aux enchères. Toutefois, ne pas voir était insuffisant. Impossible d'ignorer les œuvres les plus dangereuses, c'eût été illusoire. Il lui fallait acquérir pour vivre, apprivoiser l'idée. Il était maintenant pris d'une soif inextinguible de possession.

Pascal mit la main sur la poignée de la porte. Le froid du laiton était l'expression de la matière tangible, le bord du quai où l'on jette les amarres. Enfin, il se sentait comblé, ayant de nouveau achevé son périple, Ulysse revenant à Ithaque. Il poussa la porte et monta l'escalier. Il s'en était fallu de peu pour que Sastres fût considéré comme un véritable artiste, quelques décennies tout au plus. Depuis qu'il s'était approprié cette histoire, cette anomalie, il considérait Ferdinand comme l'inventeur de l'art conceptuel. Avant cela, il y avait bien eu Duchamp, mais la collection de caisses apparaissait véritablement comme la toute première installation, l'origine de ce grand dérapage auquel il contribuait. S'il était marchand d'art, c'était un peu à cause de Ferdinand. Lorsqu'il exposait des Post-it, des parapluies chromés, il songeait à Ferdinand reclus dans son palais insensé, aux caisses qui s'empilaient comme un jeu de construction pour adultes. L'intention supplante aujourd'hui l'action. Ce qui avait manqué au marquis c'était la conscience de soi, la certitude de sa propre importance. Cette œuvre qui s'ignorait était la réunion systématique d'autres œuvres, une accumulation.

Il était calme à présent. Le plaisir de la marche s'associait à la satisfaction d'avoir atteint son but. Il avait relevé le défi. Toutes les peurs étaient à présent neutralisées, enfermées dans leurs propres caisses. Il s'était offert un répit de courte durée, mais il savait qu'il lui faudrait recommencer. Tôt ou tard, il fallait toujours recommencer. Par quel mystère cette histoire était devenue son antidote aussi bien que sa maladie ? Il était tombé dessus par hasard, s'était exalté pour les rebondissements baroques de cette vie et puis les crises d'angoisse avaient débuté. Au début, il n'avait pas fait le rapprochement entre les deux. Il avait rangé l'affaire Sastres dans une pochette spéciale, lui conférant ainsi un statut privilégié au sein de sa propre collection. Il avait bien vu comment les pochettes, les chemises et les sous-chemises formaient, elles aussi, un inventaire de caisses, chacune renfermant une œuvre d'art particulière, mais l'analogie ne s'arrêtait pas là. Lorsqu'il se sentait partir, il traversait une contrée peuplée de ses cauchemars d'enfant. Il n'y avait rien à y faire. Il s'était arrangé pour cacher son état à sa femme et à Jérôme. Admettre cette fragilité était un pas qu'il n'arrivait pas à franchir. Il lui fallait reconnaître son incapacité à gérer une vie qui pourtant s'avérait facile et confortable. Il avait parlé à son médecin de ces malaises. Il se sentait mourir. C'était donc ça, la mort tout simplement. Le généraliste avait fait son travail en lui prescrivant des analyses de sang, glycémie, cholestérol. Tout était normal. Un jour qu'il était enfermé dans les toilettes de la galerie, assis par terre, suant à grosses gouttes, il s'était convaincu de la nécessité d'échapper à sa propre existence en se racontant celle de quelqu'un d'autre. Il fallait détourner son attention le plus possible, frapper fort, chercher loin. Commençons par les enfants du Sahel, s'était-il dit, des destins tragiques auxquels on ne songe jamais. Il avait alors mentalement dressé la liste des causes qui méritaient d'être évoquées, des histoires affreuses qui lui permettraient de relativiser quant à son propre état. Transpirer comme un bœuf sur le carrelage des chiottes n'était pas si tragique quand on pensait à la faim dans le monde, à la bilharziose, aux mines antipersonnel. Le stratagème s'avéra inutile. En lui gisait déjà le cadavre qu'il serait bientôt et ce mort qui lui retournait l'estomac ne pouvait être abusé si facilement. Sans savoir pourquoi, il se mit à penser aux anomalies. Les passant toutes en revue, il s'arrêta sur la plus riche d'entre elles. Dès qu'il se mit à évoquer les caisses, le soulagement fut immédiat. Il avait enfin trouvé le truc. Il ne pouvait empêcher les crises de survenir, mais il avait compris comment les contenir, en limiter les dégâts. Progressivement, il avait accumulé des informations sur la vie de Sastres afin d'étoffer son récit d'urgence. Des caisses, il était remonté jusqu'à la Somme et, de proche en proche, s'était intéressé à son enfance. Maintenant, il maîtrisait plutôt bien le processus. Comme il aimait différer son retour à la maison, il se racontait également cette histoire en repoussant au maximum son paroxysme. La dilatation lui permettait de gérer la peur. Au fil du récit, ce corps qui le trahissait et échappait à son contrôle redevenait sien.

Il rentra chez lui sans faire de bruit. Toutes les lumières étaient éteintes. Il se déshabilla dans le salon, jetant ses vêtements sur le canapé. Il se rendit ensuite à la cuisine, ouvrit la porte du réfrigérateur et but une gorgée de lait. Il se sentait confiant. Les bambous avaient tenu bon. À pas de loup, il entra dans la chambre. Sylvie avait laissé la télévision allumée sans le son. Elle se retourna dans un demi-sommeil et il la regarda quelques instants à la lueur blafarde. Il aimait la regarder dormir. Il éteignit ensuite l'écran et se coucha à côté d'elle en prenant garde de ne pas la réveiller. Elle se colla contre lui, sans un mot.

La veille du rendez-vous, Pascal s'était rendu au temple Kaneiji, dans le parc Ueno. La pagode se dressait au nord-est de l'ancienne Edo, en direction des *tengùs*, ces démons prêts à surgir en cas de floraison inopinée. Il s'était souvenu des commentaires de Stéphane Obéron, à l'occasion de l'exposition Hiroshige. Tout lui revenait à présent en mémoire, mais la mise en garde n'avait servi à rien. Il aurait dû se renseigner quant à l'état des bambous avant de partir, appeler le parc floral tout au moins. Il s'en voulait d'avoir oublié cette histoire que lui rappelait maintenant son guide de voyage. La silhouette du sanctuaire se détachait nettement sur un entrelacs de branches nues. Là, se tenait un nombre incalculable de pierres dressées que l'on nommait *jizos*. Ces statuettes étaient les réceptacles des âmes errantes, dressées pour les enfants sans sépulture. Il contempla les milliers de stèles anthropomorphes, alignées comme des pierres tombales et songea immédiatement aux caisses de Sastres.

Les crises d'angoisse avaient brusquement disparu avec la mort de son père, mais son obsession pour le palais de la rue Cardinet ne l'avait pas quitté. Il songeait toujours aux caisses, aux œuvres invisibles. Son affection véritable pour Ferdinand, cette gémellité fictive, s'ancrait à présent dans la réalité. Au fil du temps, il s'était inventé une vie où le tableau et Ferdinand étaient aussi proches de lui que Sylvie ou ses propres parents. Il était finalement le produit d'une lignée, mais aussi d'une parenté rêvée, d'un agglomérat de fictions successives. Il avait désormais l'impression que cette famille étendue se révélait à lui progressivement, comme si des cousins éloignés, ou même disparus, refaisaient soudain surface.

Il avait entendu parler de ces salariés japonais qui, par milliers, chaque année, décidaient de disparaître. On les nommait *johatsu*, les évaporés. À Kamagasaki, banlieue d'Osaka, on les retrouvait parfois, sous de fausses identités, parmi les bannis. Impermanence des vivants. Les tableaux, en conscience, choisissaient-ils, eux aussi, la clandestinité ?

Les branches noires tissaient leur inextricable réseau sur les tuiles vert-de-gris et les murs écarlates. Des centaines de corbeaux tournoyaient au-dessus des toits, emplissant l'air sec de leurs cris rauques. Le ciel n'en finissait plus de basculer dans la nuit. Tout autour du temple, des promeneurs solitaires semblaient marmonner une prière inaudible.

Cette visite solitaire l'avait troublé. Le calme qui régnait en ces lieux contrastait avec l'agitation permanente de la métropole. Il repensait maintenant à ce moment paisible, tout en regardant passer la foule par-dessus l'épaule de sa geisha postmoderne. L'image des *jizos* l'accompagnait à présent, comme les caisses de Sastres. Sa traversée d'Akiba lui faisait envisager le panthéon shinto d'une nouvelle manière. Les nanomachines n'étaient pas que le résultat d'une révolution technologique, mais également l'aboutissement d'un processus mystique. À force de croire aux *kamis*, on avait fini par réaliser des êtres intelligents, artificiels et invisibles. Grâce à la technique, la légende prenait vie. Les mixers, les chaînes hi-fi, les voitures et les ordinateurs étaient sur le point de devenir les nouveaux *jizos*, des enveloppes habitées par de petits esprits. Ici, la matière inerte et le monde des âmes ne faisaient qu'un. Tout était sacré, la bouteille anodisée, le tablier de soubrette, la table en formica, aussi bien que les arbres dépouillés du parc Ueno. La distinction entre art et artisanat était impossible. Les tableaux que l'on accrochait dans les musées de France étaient-ils si différents d'un bouquet de fleurs coupées, d'une cocotte en papier ? Ce qui fascinait Pascal, c'était justement l'intention et sa prépondérance fluctuante. Suffisait-il vraiment de le décider pour produire un art véritable ? Depuis la banquette en skaï du *Kosupure*, son avis sur la question variait. Il comprenait maintenant ce qu'Obéron avait voulu lui dire au sujet du musée universel. Quelle expression avait-il employé ? *Mono... no... aware*, c'est ça !

— *Mono no aware*, déclara-t-il soudain à son hôtesse.

— ...*Yo no taka tadashii koto bakari de wa arimasen. Oki o tsukete**, répondit-elle avec une certaine tristesse.

— Oh, alors là, c'est trop pour moi, je sais à peine ce que j'ai dit...

Sans vraiment savoir pourquoi, ils éclatèrent de rire. Pas si mal pour une image, songea-t-il.

Puis, le regard de Pascal se perdit à nouveau dans le vague et il ne put s'empêcher, comme souvent, de

*. « Mais, tout n'est pas bon dans ce monde. Fais attention à toi. »

songer à Chagall. Sur la route de Vitebsk à Saint-Pétersbourg, passeport pour juif en poche. Au printemps 1907, la boue de la débâcle, comme un linceul de limon et de vase, recouvre tout jusqu'aux abords de la gare de Tolmachevo.

C'est un cirque de province. On est loin de Barnum. Le chapiteau est miteux et les chevaux étiques. C'est un spectacle où l'on va presque par pitié pour les artistes en bout de course, les dresseurs chenus et les acrobates à peine sorties de l'enfance, l'ours de la taïga, estropié, les dents jaunes, qui se balance au trapèze. La foule n'est pas venue, encore une fois. Dans la salle à moitié vide, les machinistes aux ongles noirs prennent place dans le public pour faire la claque. À l'entrée, les kopecks tintent dans la timbale en fer blanc. Ce soir, on bouffera des patates à peine cuites et de la soupe claire, comme tous les soirs, en attendant des jours meilleurs qui ne viendront jamais. Voilà le prix de cette liberté manouche, des collants troués, un quignon de pain noir, des uniformes rapiécés tant et tant de fois. Les ouvreuses ont la vulgarité des filles de 14 ans en justaucorps et bas résille, peinturlurées, offertes, les seins qui poussent et tiraillent.

Chagall s'ennuie en attendant son train. L'émerveillement viendra plus tard, sans que l'on sache comment. Le bonheur est cette nostalgie des moments insignifiants. Le présent ne voit rien, ne comprend rien. Tout se joue pourtant à ce moment précis qui ne compte pas. La félicité sera rétrospective. Pour le moment, Chagall ne pense pas du tout à Vitebsk qu'il vient de quitter, à la salaison des harengs, à son père le colporteur. Il songe au troisième commandement : « Tu ne te feras point d'image taillée, ni de représentation quelconque des choses qui sont en haut dans les cieux, qui sont en bas sur la terre, et qui sont dans les eaux plus bas que la terre. » Il songe à l'école de peinture, qu'il va bientôt rejoindre, au bord de la Néva. Il rêve au futur, sans savoir encore que celui-ci sera hanté par le souvenir.

La cavalière avait les seins nus. C'est la première chose que Pascal remarqua lorsque l'image apparut à l'écran. Sa robe lui ceignait les épaules, laissant sa poitrine ronde et volumineuse caresser le crin bouclé de sa monture. Il coupa le reste de la photographie, se concentrant sur l'essentiel, puis agrandit la sélection. En augmentant le contraste, de nombreux détails apparurent à l'arrière-plan. Il se laissa retomber au fond de sa chaise. Cette femme à demi-nue, couchée sur son cheval, était d'un érotisme certain. La crudité de la chair l'emportait sur la naïveté du trait. Il se demanda ce que ses grands-parents avaient bien voulu signifier par un tel geste. Quelle drôle d'idée de mettre ce tableau dans une chambre d'enfant ! Il n'était pas surprenant en tout cas que son père ait passé des heures à la contempler. Si ce tableau était bien à l'origine de la vocation paternelle, il était certainement à la source d'une autre initiation. Il avait maintenant devant lui, bien plus qu'une simple toile, les premiers émois d'un jeune garçon découvrant tout à la fois la peinture et la féminité.

Les longs cheveux noirs se mêlaient à la crinière du cheval. Les joues étaient rehaussées par une touche de fard. Une joie simple se dégageait de son visage. Bien que la scène fût un numéro de cirque, nul effort ne transpirait. Le cheval et sa cavalière semblaient soustraits à l'attraction terrestre. Une impression de facilité, d'aisance même, animait les protagonistes. Ses bras clairs entouraient le long cou de l'animal, ses jambes flottaient dans le vide. Il s'agissait d'une étreinte ou bien d'une communion, pas d'un combat. On était loin du dressage que l'on voit généralement lors de démonstrations équestres. C'était un spectacle rêvé où l'intérieur, symbolisé par le rideau de scène, cohabitait avec un ciel de campagne. Derrière son épaule, dans le lointain hachuré, une petite bonne femme volait au-dessus d'un village, tenant dans sa main le dernier croissant de lune. La pose était improbable. Le clown minuscule avait une jambe repliée, pas de danse à peine esquissé ou déséquilibre léger qui lui rappelait la vingt et unième arcane du tarot de Marseille. Le Monde. À bien y regarder, la cavalière sereine se tenait dans une position très similaire, un genou replié. Il augmenta la luminosité et coloria l'ensemble. Tout devint bleu. L'imposture technologique le rapprochait sans doute de la teinte originelle. Ainsi peinturluré, le cheval ressemblait à une sérigraphie monochrome d'Andy Warhol. L'œil surtout, en forme d'amande, était maintenant celui de Marylin Monroe. Jérôme, qui se tenait au bord du bureau, se pencha par-dessus l'écran.

— Un Chagall, ça ne s'égare jamais complètement, déclara Pascal.

— Tu es à l'endroit idéal pour mener ce genre de recherche. Étrange coïncidence, tu ne trouves pas ? De là à dire que ce tableau souhaite qu'on le retrouve à présent… il n'y a qu'un pas.

— Certaines choses ne se perdent jamais, elles passent de main en main, relient les hommes et nous survivent, c'est tout !

— On n'est jamais propriétaire d'un objet d'art, si c'est ce que tu veux dire. C'est parfois lui qui nous possède. La richesse n'y change rien. Tu crois que ton père avait conscience de cela, lorsqu'il s'endormait en regardant son Chagall ?

— Je suis sûr du contraire. C'est pour ça que j'aimerais le retrouver, parce que je me sens proche de cet enfant de 10 ans qui avait pour habitude de contempler ce tableau. Je comprends cette émotion mieux que personne. Peut-être que ça pourrait aussi me rapprocher de l'homme qu'il est devenu.

En dépit de l'énergie déployée, le tableau resta introuvable. On avait épluché la documentation traditionnelle et les pages web sans succès. Aucune reproduction ne semblait disponible. Se résignant à ne pouvoir obtenir plus d'information par ses propres moyens et les capacités de l'agence ayant montré leurs limites, il décida de contacter les ayants-droit eux-mêmes. Les experts officiels disposent généralement de leur propre inventaire. Il connaissait Clémentine Faber de réputation, pour avoir eu un jour maille à partir avec ses mandataires. Il savait fort bien que les dépositaires d'une œuvre majeure ont tendance à veiller jalousement sur leur *numerus clausus*. Découvrir une nouvelle toile, c'est élargir une collection dont la taille réduite garantit pourtant la valeur. Les héritiers de Van Gogh en savent quelque chose, eux qui refusent systématiquement qu'une nouvelle toile soit attribuée au peintre. On préfère volontiers déclarer fausse une œuvre originale, plutôt que de remettre en cause un catalogue définitif. Le marché doit rester stable, coûte que coûte. Si le Chagall était bien une toile encore inconnue, comme il le supposait à présent, cette découverte risquait de venir perturber le petit monde des collectionneurs. Il lui faudrait donc employer toute sa persuasion, afin d'obtenir quelques renseignements.

Sa surprise fut d'autant plus grande, lorsqu'un matin sa secrétaire vint lui annoncer que Clémentine

Faber lui avait fixé rendez-vous. Le lendemain après-midi, alors qu'on décrochait les Post-it de la galerie, il se rendit quai de l'Horloge avec la photo dans sa poche. La porte-parole du comité était bien plus jeune et jolie qu'il ne l'avait imaginé. Voilà des gens dont l'existence était vouée à la préservation et à l'authentification d'une collection vaste et disséminée. Il se souvenait que ce genre de credo avait été autrefois sa ligne de fuite, son horizon, et en ressentait toujours une pointe de jalousie. Encore une fois, dans ce monde exclusif et élitiste, il n'était qu'un vendeur de quatre-saisons. Toute cette muséographie, cette liturgie, ce dogme posthume rendu à l'artiste lui évoquait les jupes plissées, la flanelle, les lorgnons même et les chignons serrés. Au lieu de cela, il se trouvait en face d'une jeune femme séduisante et moderne qui semblait s'être égarée dans un monde trop poussiéreux pour elle.

— Je vous connais un peu de réputation, je connais aussi votre père bien évidemment, c'est pour cette raison que votre histoire m'a intéressée.

— J'en suis le premier surpris, croyez-moi. Tout cela me dépasse un peu.

Il sortit alors la photo de sa poche et la posa sur la table.

— Je ne vais pas vous faire attendre plus longtemps, lui dit-elle en saisissant le cliché dentelé. Cette toile est authentique. Enfin, je ne peux pas expertiser un tableau absent, *habeas corpus*. Le fait est qu'avant votre courrier, on ne connaissait qu'une seule reproduction de cette toile et c'est nous qui la possédons. Vous vous rappelez du temps de la guerre froide ? On échangeait les prisonniers politiques et les espions sur un pont au-dessus de l'Oder. Donnant donnant.

Elle ouvrit un tiroir du bureau, prit une pochette dans laquelle il reconnut sa lettre, puis la fit glisser sur la table dans sa direction. De part et d'autre du bureau, ils se mirent alors à observer leur document respectif.

— *L'Amazone* de 1929. Soixante-six centimètres par soixante-douze. La seule image disponible jusqu'alors et que vous tenez maintenant dans vos mains date des années 1930, sans plus de précision.

— On voit beaucoup plus de détails sur ce cliché-ci.

— Tout ce que l'on sait, c'est que la toile a appartenu à des collectionneurs allemands, puis hongrois, après la Seconde Guerre mondiale. Plus jamais vue depuis, ni exposée, ni même photographiée. Si elle avait fait partie d'une succession quelconque, si les propriétaires l'avaient fait assurer, si un marchand d'art l'avait vendue, j'aurais fini par le savoir. C'est mon métier. Au lieu de cela, rien du tout ! On ne peut malheureusement pas exclure qu'elle ait été détruite. Il est rare qu'un objet précieux, même mal acquis, ne ressurgisse pas une seule fois en cinquante ans. Il faut compter sur les revers de fortune, les conflits familiaux, les divorces et les pensions alimentaires. Le trafic nécessite une certaine visibilité, des échanges… J'ai lu votre lettre. Vous vouliez montrer ce tableau à votre père ? C'est touchant.

— Ça m'a paru naturel.

— Vous m'en voyez désolée ! Peu de gens ont eu l'occasion d'être en contact avec une œuvre pareille dans leurs jeunes années. C'est même la première fois que j'entends parler de ça. Je suis ravie de découvrir que Chagall ait pu avoir ce type d'influence, voyez-vous. Personnellement, je l'ai toujours considéré comme un réservoir pour d'autres artistes.

Il rentra chez lui, à la fois exalté par l'authenticité de la toile et déçu de ne pouvoir mener son projet à bien. Il revenait tout de même avec un sacré butin, la genèse et le baptême tout à la fois. *L'Amazone* de 1929, songea-t-il, un chef-d'œuvre, porté manquant depuis un demi-siècle. Il partageait maintenant avec Clémentine ce secret rare et inutile. Elle avait eu la gentillesse de lui faire une photocopie de son propre cliché. « Échange de prisonniers », lui avait-elle déclaré avec un sourire de connivence. Il songea lui aussi au pont, à la guerre froide, Gary Powers et Rudolph Abel se croisant à mi-chemin, suspendus entre les mondes opposés. Entre les piles de béton, c'était pourtant une autre source qui coulait à présent. Dans son esprit, tournoyaient les différents morceaux du puzzle, les guerriers scythes, le village de Vitebsk où avait grandi Chagall, la piste aux étoiles et la jungle de Manaus. Après tout, cette *Amazone*-là n'était qu'une simple cavalière de cirque, mais l'image du fleuve puissant et boueux, serpentant dans la moiteur d'une végétation inextricable, s'imposait pourtant à lui.

Une nouvelle fois, il décida de rentrer à pied, bien que le trajet fût cette fois nettement plus court. Ses idées se bousculaient. Il avait l'impression d'avoir mis le doigt sur quelque chose de crucial, comme ces médecins chinois qui soignent en pressant certains points névralgiques. Peu importait qu'on ne puisse aller plus loin. Le mystère du Chagall bleu était à présent le sien. Il sentait que les fils se dénouaient, que la tension retombait. Il allait rentrer à la maison et cuisiner quelque chose. Lorsqu'il ouvrit la porte et vit Sylvie, pâle comme un linge dans le couloir éteint, il comprit immédiatement qu'un accident s'était produit.

— C'est ta mère qui vient d'appeler, grimaça-t-elle, ton père est à l'hôpital.

Semaine après semaine, le palais de Sastres se remplissait de caisses selon une logique qui dépassait Ferdinand. Certaines pièces restaient vides, quand d'autres croulaient déjà sous les monolithes de bois clair. Son intuition le guidait au fil d'un agencement toujours plus mystérieux. Une fois chaque manœuvre correctement réalisée, il sentait alors la tension retomber. Jusqu'au jour où, traversant le grand salon dont les tapis persans étaient maintenant jonchés de boîtes aux dimensions variées, il s'arrêta net, frappé d'une stupeur soudaine. C'était le hameau dévasté qui se dressait à nouveau devant lui, le champ de ruines à Marencourt, où les décombres entassés avaient formé des stèles. Il s'était interrogé longtemps, avait même imaginé que le palais aux influences exotiques ait pu déteindre sur son humeur. Les prêtres mayas et les savants ouzbeks avaient bien tenté de reproduire au sol le dessin magique des constellations. Il avait cru que son obsession pour l'asymétrie était le fruit de ces coutumes barbares, mais la réalité était tout autre. Chaque Rembrandt était la pierre tombale d'un soldat foudroyé, chaque Watteau convenablement emballé était le cairn funéraire d'un jeune crétin mort d'y avoir trop cru. Le palais tout entier était devenu musée aveugle et mémorial. On parlait de faire un lieu de souvenir sous l'Arc de triomphe, mais que pourrait-on bien célébrer sous la meringue napoléonienne ? La guerre se rendait hommage à elle-même. Il comprenait maintenant le sens de son projet. Tout était clair. Il quitta le salon, non sans avoir jeté un dernier coup d'œil aux cubes de sapin qui figuraient maintenant autant de cercueils. La maison était le cimetière de l'art et de la jeunesse. Il monta l'escalier majestueux, laissant sa main traîner sur la rampe et ses pieds le guider le long des marches. Après plusieurs étages, l'escalier rétrécissait jusqu'à devenir un réduit en colimaçon où l'on ne pouvait se croiser. L'ascension lui parut interminable. Tout en haut de la tour, il ouvrit la porte qui menait à son bureau, pièce exempte de tout agencement monumental. L'escalier à ce niveau ne permettait plus l'arrivée des caisses. Il s'assit dans son fauteuil et regarda par l'immense fenêtre. Le ciel était d'ardoise mouillée qu'une clarté jaune trouait par intervalles. La tour Eiffel le toisait de nouveau, du haut de son échafaudage aux dimensions limitées. Paris victorieux était encore baigné de lumière, comme accroupi dans son bassin de zinc et d'orgueil. Quelle tristesse, songea-t-il en fermant les yeux. La clef du bureau lui échappa et tomba sur le tapis sans un bruit. Seul, au sommet du minaret, il était maintenant le gardien du mausolée.

Les années passèrent. La paix de Versailles annonçait déjà cette autre guerre que l'on refusait pourtant d'envisager. Le mystère de l'homme au complet gris était depuis longtemps éventé. Tôt ou tard, ce genre de manigance finit par être dévoilé. Les vrais amateurs d'art formaient une famille à qui l'on ne pouvait dissimuler un si grand secret. Tout de même, on s'en voulait un peu d'avoir pris un simple domestique pour un personnage éminent. Ferdinand, qui avait pris conscience de son rôle, organisait tous les mercredis soir une visite guidée de son refuge. À sa demande, le père de Cherrier était venu sur ses heures de congés lui apprendre tout ce qu'il savait sur son rôle de gardien. La leçon avait été fructueuse. Une fois renseigné par un professionnel, Ferdinand s'était senti capable d'assumer cette nouvelle charge qui lui incombait désormais. Chez les artistes, les dandys, tout ce que la capitale comptait maintenant d'originaux, le marquis excentrique faisait figure de père spirituel. On se pressait, on intriguait sans scrupules pour voir son nom figurer sur la liste des invités qui, le mercredi soir, se rendaient au désormais célèbre mausolée de la rue Cardinet. Une petite troupe d'habitués formait le noyau dur des visiteurs, parmi lesquels on trouvait aussi bien Jean Cocteau, qu'André Breton et Benjamin Péret. D'autres poètes désargentés et apprentis surréalistes complétaient généralement le pèlerinage. On pénétrait dans la demeure par la célèbre porte d'Ishtar. Le vestibule, mal éclairé et décoré de frises, ressemblait à l'antichambre d'un tombeau égyptien, la dernière demeure de la reine Nefertari. Les habitués silencieux se tournaient alors vers les nouveaux venus afin d'observer leurs réactions. Les yeux écarquillés, on cheminait à la lueur de candélabres dans des couloirs austères jusqu'au salon aztèque. Là, le gardien du culte des morts, le grand ordonnateur, paraissait, drapé dans une toge, et entraînait ses invités au fil de salles plus étranges les unes que les autres. Le cérémonial était invariable.

— Voici maintenant le deuxième classe Boutinard, annonçait alors Ferdinand tout en montrant une nouvelle caisse, décoré au Chemin des Dames, tombé au champ d'honneur. Sa présente incarnation est une cariatide du IIe siècle avant Jésus-Christ, trouvée en 1898 près d'Halicarnasse. Je rappelle, pour les dissipés, que la cariatide est une race tout à fait pernicieuse de statue, bien plus fourbe que l'atlante, cependant moins dangereuse que la victoire.

— Je croyais que la cariatide était une mouche, chuchota quelqu'un dans l'assistance.

— Péret, cessez de faire l'imbécile, rétorqua Ferdinand. Voyez comme ses traits grimaçants vous enjôlent, reprit-il en montrant la caisse du doigt. Ils vous attirent pour mieux vous foudroyer.

— Je pensais que c'était Méduse qui foudroyait du regard…

— Amis poètes, vous qui vous apprêtez à composer de mortels sonnets, sans même connaître la dangerosité de votre art, sachez une bonne fois pour toutes que l'œuvre tue, l'œuvre rend fou. L'unique manière d'appréhender la création de manière libre et sereine est de la dissimuler derrière un écran qui rend à l'imagination tout son pouvoir. Tenter de fixer la beauté c'est lui conférer une finitude mortifère. J'ai longtemps erré comme vous avant de comprendre tout cela. Les iconoclastes étaient sur la voie, c'est pour cette raison que l'Église naissante s'est débarrassée d'eux. Cependant, détruire n'a pas de sens à mes yeux. Il faut seulement voir d'une autre manière...

La visite se poursuivait en silence. À l'occasion, Ferdinand s'arrêtait devant une caisse qui lui tenait particulièrement à cœur et en décrivait le contenu dans les moindres détails. Tout le monde savait pourtant qu'il ne l'avait jamais vu. Cette approche à la fois mystique et dépourvue de toute sensualité choquait et séduisait à la fois. Le discours étrange de Sastres se heurtait au monde comme une prophétie, un évangile en avance sur son époque. Les surréalistes se délectaient de cette atmosphère onirique. Le décor, les caisses amoncelées dans un capharnaüm invraisemblable et pourtant raisonné, le monologue, les troublaient sans véritablement les atteindre. Ils regardaient ce monde confiné comme on contemple, dans les eaux agitées, le reflet changeant d'une réalité qui a déçu. La serre, elle aussi, était envahie par les caisses. La grande pelouse n'était plus qu'un amas de boîtes disparates, entre lesquelles on pouvait encore circuler le long d'un chemin où l'herbe était usée par le passage. Là, les cubes s'empilaient dans un savant jeu de construction à l'équilibre parfois précaire, formant des colonnes prêtes à s'effondrer, des arches en ruine. On avançait entre ces murs de sapin noueux comme dans les rues d'une ancienne cité détruite par quelque catastrophe, une Pompéi, une Atlantide enfin redécouverte. La lumière des torches projetait alors des ombres dansantes sur les parois des caisses. À travers l'immense verrière, quelques étoiles pépiaient comme des oiseaux de nuit, rossignols figés dans l'espace, assujettis au seul rythme du ciel. Les mouvements de lumière semblaient donner vie à une végétation assoupie. Les feuilles de palme étaient alors prises d'une agitation illusoire. Plus loin, le coassement ininterrompu des grenouilles en quête de partenaire formait un bruit de fond uniforme, presque tranquille. On entendait également le plongeon occasionnel d'une tortue quittant la rive, suivi tout de suite après par le choc sourd et mat des carapaces se heurtant l'une l'autre. La jungle respirait. L'air chaud et humide véhiculait des relents fauves de poils et de charogne, l'humus en formation. Le contenu des caisses, si l'on y songeait, donnait immédiatement le tournis. En quelques années, Sastres avait accumulé ici tous les trésors que son immense fortune lui permettait d'acquérir. On ne comptait plus tous les Titien, Les Véronèse et les Delacroix, les statues antiques, les masques égyptiens. D'aucuns prétendaient même qu'il valait mieux visiter le mausolée, ne fût-ce qu'une fois, et n'y rien voir du tout, plutôt que d'aller au Louvre tous les jours de sa vie. Lorsque des béotiens demandaient aux visiteurs réguliers ce qu'ils voyaient en ces lieux si secrets, il était difficile de leur répondre en des termes qu'ils pussent comprendre. Comment expliquer qu'on y voyait mieux sans l'aide des yeux et qu'une caisse, aussi banale fût-elle, magnifiait son contenu comme nul autre écrin ? C'était toute la philosophie muséale et patrimoniale de la République qui était remise en cause. Au Louvre, on s'inquiétait d'ailleurs de cette concurrence à la fois rude et incompréhensible. Certains conservateurs, ayant voulu garder l'anonymat, avaient même réussi à se faire inviter au mausolée pour en avoir le cœur net. Comment justifier une telle aberration ? Que cette pratique vienne à se propager. Que d'autres millionnaires excentriques viennent à racheter les chefs-d'œuvre de la culture mondiale pour les enfermer dans de stupides et disgracieuses caisses. Que dirait-on alors aux scolaires ? Que dirait-on aux touristes à la fin ?

Ferdinand connaissait toutes ses caisses par cœur. Il pouvait parler de chacune d'entre elles, dire où elle se situait et ce qu'elle contenait avec précision. Il était à la fois le gardien et l'inventaire de son musée des ombres. Il fallait bien le croire sur parole, car il n'existait aucun moyen de vérifier ses dires. Seuls les catalogues des enchères trahissaient la nature des acquisitions. Certains passionnés avaient bien essayé de faire le compte, de tenir une liste à jour, épiant les allées et venues de Cherrier, ses déplacements en province et à l'étranger. La frénésie était cependant trop grande. Les Savoyards de Drouot, que Ferdinand respectait tant, étaient les derniers à pouvoir contempler les œuvres. Souvent, ils se réunissaient autour de la caisse encore ouverte, jetaient un ultime regard au tableau, puis clouaient la dernière planche tout en songeant au mausolée. Combien de temps s'écoulerait-il avant que d'autres yeux que les leurs puissent à nouveau se plonger dans cette couleur ? Étrangement, la simple présence de Cherrier à une vente provoquait un regain d'intérêt pour les œuvres exposées. Ce n'était pas tant sa réputation d'expert qui accroissait la curiosité du public, mais simplement le fait que l'œuvre acquise était sur le point de disparaître. Les Savoyards eux-mêmes, pourtant peu enclins à s'intéresser au contenu de leurs caisses, s'étaient passé le mot. Chaque fois que Cherrier ramenait à son maître une nouvelle preuve de sa fidélité, tout le personnel de l'hôtel des ventes se réunissait en coulisse pour un adieu solennel à l'objet d'art.

Le circuit suivi par les visiteurs et leur guide était toujours différent. Les dimensions du palais et la quantité presque indénombrable de pièces permettaient une fantaisie toujours fluctuante. On ne passait pas forcément par la serre, bien que ce moment fût attendu par tous, vieux routards du mercredi soir aussi bien que jeunes novices. On découvrait sans cesse de nouveaux recoins, de nouveaux salons inhabités. Chaque parcours était dicté à Ferdinand par une soudaine impulsion. Il tournait dans un couloir, entrait dans une pièce, ouvrait des portes, se laissant porter par sa seule liberté d'agir, ce que ses invités appelaient parfois l'Inconscient. Chaque parcours étant unique, il dessinait dans le palais une ligne aux arabesques originales qu'on tâchait de visualiser après coup. D'aucuns considéraient ces dessins comme les fragments d'un message, les phrases d'un texte mystérieux envoyé depuis l'au-delà par l'intermédiaire du marquis de Sastres. Un jour, la dictée cesserait, ils en étaient sûrs. La révélation serait complète. Il serait alors temps d'en déchiffrer le sens. Quelles que fussent la trajectoire et ses courbes, la visite s'achevait toujours au même endroit, comme un point final mis aux divagations. La chambre de Ferdinand était la dernière étape d'un chemin de croix aux nombreuses stations. On y passait nécessairement avant le retour à la réalité. La pièce était presque vide, dénuée de tout meuble, à l'exception d'un immense lit à baldaquin qui trônait au centre du quadrilatère. Le sol était couvert de tapis dont la taille et les motifs variés formaient une mosaïque de couleurs vives. Le lit aux colonnes d'ébène torsadées portait un ciel de velours bleu nuit tacheté d'or. Les murs étaient couverts de tentures épaisses. Toute la pièce était comme isolée de l'extérieur par l'épaisseur des tissus et la chaleur du feutre. Les bruits y étaient assourdis, étouffés. Une cheminée ouvragée s'étalait le long d'un mur. Deux énormes chenets en bronze, identiques aux taureaux de l'entrée, en occupaient l'âtre et donnaient aux curieux l'impression de visiter la chambre d'un templier quelque part entre Constantinople et Jérusalem. Ce qui frappait tout d'abord dans cette alcôve orientale, c'était l'évidente absence de caisse. Après en avoir tant vu, le vide relatif de la pièce semblait incongru, déplacé. Les habitués en connaissaient la cause et se mordaient pour ne pas dévoiler à leurs nouveaux camarades la raison de cette étrangeté. Ferdinand soulevait alors les draps qui pendaient hors du lit et dévoilait la caisse couchée sous celui-ci, l'unique caisse de l'unique chambre du palais.

— Lorsque Sandro Botticelli réalisa *La Naissance de Vénus* en 1488, commençait alors Ferdinand, il ne songeait pas qu'un autre tableau lui soit alors nécessaire pour en finir avec ce motif. Parfois, la vie vous réserve de ces surprises ! Ce n'est que deux ans plus tard qu'il peint son véritable chef-d'œuvre, une Vénus débarrassée de ses accoutrements divins, une femme de chair au teint vermeil, aux hanches voluptueuses, dont la peau éclate au soleil d'été comme l'enveloppe d'une grenade. Ses cheveux d'or ruissellent sur ses épaules, dévoilant une nudité qu'il n'avait pas osé représenter jusqu'alors, des seins gonflés par une vie terrestre contre laquelle les séraphins ne peuvent lutter. Regardez comme les vents se détournent d'elle cette fois, comme les éléments qui présidaient à sa naissance lui tournent maintenant le dos, tandis qu'elle rayonne, couverte de rosée. C'est une seconde naissance à laquelle nous assistons, l'éclosion d'une femme encore engourdie par sa nature divine. Toute tremblante de désir, les lèvres humides et gorgées de sève, elle se découvre enfin, jouant avec les pointes de ses longs cheveux d'une main, appelant de l'autre une aide qui ne viendra pas, une aide à l'extérieur du tableau, vous, moi…

— Ce tableau existe-t-il vraiment ? Personne n'en a jamais entendu parler, osa un conservateur du Louvre qui, se faisant passer pour un ami de Breton, avait profité de son absence pour se faire inviter.

Les autres visiteurs, anciens et nouveaux, se tournèrent alors vers lui, comme les apôtres devant saint Thomas, affichant une moue de désapprobation face à tant de scepticisme stérile.

— Ce tableau est là… devant vous, répondit alors Ferdinand.

— Comment se fait-il que ce tableau inconnu soit arrivé jusqu'à vous, sans jamais laisser aucune trace dans l'histoire de l'art, pas un témoignage, pas une pièce d'archive, rien ?

— Cette Vénus est le fruit d'une ambition coupable qui valut à Botticelli de graves problèmes avec l'Église et qui fit planer de lourdes menaces sur son commanditaire. Sa disparition était inévitable, souhaitable même. On ne représente pas n'importe quoi impunément. Au cours des cinq siècles qui nous séparent désormais de sa réalisation, tant de gens sont morts de l'avoir contemplée, tant de catastrophes. Oh, vous pouvez sourire, mais grâce à moi cette salope ne perdra plus personne… Je vous le garantis !

Le charme était maintenant rompu. Ferdinand raccompagna ensuite ses invités jusqu'au vestibule, où ceux-ci, dans un silence religieux, ramassèrent leurs manteaux avant de retrouver le calme de la rue Cardinet. La nuit était douce, la chaussée déserte. Louis Bonnet, le conservateur audacieux, se retrouva seul sur le trottoir, mis au ban par les disciples. Les visiteurs du soir formaient un groupe soudé auquel il fallait adhérer sans condition. Il avait fait son choix. Tandis que les fidèles se congratulaient de ce nouveau parcours et quittaient la scène ensemble vers un restaurant russe du boulevard de Courcelles, le conservateur resta immobile, les mains enfoncées dans les poches de sa veste. Sastres n'était pas homme à plaisanter. Son argent pouvait transformer les rêves les plus fous en une réalité à peine croyable. Il le savait pourtant. Qu'en était-il au juste de cette Vénus ? Il fallait toujours qu'il parle à tort et à travers, qu'il mette en question la sincérité des puissants. C'était plus fort que lui ! Cependant, au lieu de semer le doute dans l'esprit des naïfs, il s'était inoculé ce poison à lui-même. Les réverbères projetaient sur les pavés une lueur orangée. Tout cela était par trop étrange, toutes ces foutues caisses et leur contenu invisible. Le premier quartier de lune semblait accroché à la flèche du minaret, comme une oriflamme arabe. L'incertitude le rongerait dès lors jusqu'à la fin de sa vie.

Ferdinand avait refermé la porte. Il aurait dû laisser un domestique s'acquitter de cette tâche, mais il avait tenu à reconduire ses amis lui-même, les assurant ainsi de sa confiance, en dépit du regrettable incident. Il avait toujours su que sa charge serait périlleuse, qu'il lui faudrait témoigner et convaincre sans recourir aux artifices de la nature. Il n'avait pas peur de l'ingratitude et de la défiance. Ces visites étaient un sacerdoce auquel il voulait consacrer son temps et son énergie. Lentement, il retourna sur ses pas, dans le grand hall de marbre, puis remonta l'escalier. Il aurait pu grimper jusqu'au sommet de la tour et s'enfermer dans sa vigie afin d'étudier de nouveaux catalogues, de nouvelles œuvres à neutraliser, mais la Vénus l'attendait comme chaque soir et il lui était inutile de résister à cet appel. Il entendait à nouveau la musique, une mélopée lancinante, pleine de mystère et de charme. Il entendait les archets faire doucement vibrer les cordes, le chant des sirènes, encore…

Une fois dans la chambre, les taureaux le suivirent des yeux. Il se déshabilla complètement puis s'allongea sur le lit. Lui qui n'avait jamais beaucoup connu les femmes vivait maintenant une histoire d'amour terrible, une passion. Sous le sommier, enfermée dans sa caisse, elle l'attendait. Il écoutait son cœur battre dans le réduit et faire résonner les planches. Il avait connu le plaisir, s'était même adonné à ce que ses contemporains nommaient la débauche, mais la satisfaction des instincts et la promiscuité des corps ne lui avaient jamais provoqué une telle émotion. Lorsque Cherrier lui avait parlé pour la première fois de cette toile disparue, il avait immédiatement su qu'elle lui était destinée, qu'elle avait traversé les siècles à sa seule intention. Un pacte secret semblait les lier l'un à l'autre par-delà l'espace et le temps. Il entendit sa voix lui susurrer les mots qu'il désirait. N'était-ce pas là le génie, le danger ? Les peintres songeaient-ils un tant soit peu aux mortels lorsqu'ils emprisonnaient la vie ? Il fallait côtoyer les Vénus et les Vierges, des générations entières, manger, dormir sous leurs yeux adorables, toute la rage, la suavité, la candeur, les pulsions les plus obscènes. Comment ne voir qu'un élément de décoration là où se concentraient toutes ces diableries ? La proximité était cette torture, cette réalité bouleversante à laquelle il ne voulait plus échapper. Son corps était tendu à l'extrême, arc brisé dans le lit médiéval. Sa main glissa sur sa poitrine dans un geste spasmodique. Il savait qu'il ne serait plus jamais seul…

Depuis longtemps, Pascal s'était préparé à la mort de son père. Lorsque le téléphone sonnait après dix heures du soir, il imaginait toujours le pire, ne décrochant qu'avec appréhension. Y songer n'avait pourtant servi à rien. Toutes les années durant lesquelles il avait lutté à sa façon pour s'attacher à cet homme revenaient à présent comme un obstacle à franchir une seconde fois. Son affection était le fruit d'un travail, d'une décision mûrement réfléchie et non d'un simple lien de parenté. Forme étrange d'inversion des rôles, on pouvait dire qu'il avait reconnu son père, ou plutôt, qu'il l'avait accepté comme autre chose que son simple géniteur. La lenteur des résultats n'y changeait rien. Cette relation bancale ayant tout de même nécessité un travail de longue haleine pour exister, sa disparition soudaine engendrait une souffrance proportionnelle. Après s'être accoutumé à l'altitude, à la raréfaction de l'oxygène, il lui fallait maintenant retourner en toute hâte au niveau de la mer. Pourtant, s'acclimater de nouveau à cet environnement lui paraissait tout simplement impossible.

Une fois à l'hôpital, il avait demandé à sa mère en pleurs de sortir quelques instants. Il s'était alors approché du lit où son père dormait sous le contrôle des machines. Des tuyaux lui sortaient de la bouche et du nez, tentacules d'une créature livide et froide, ou bien narguilé du scaphandrier qui descend tout au fond. Il s'était assis près de lui et l'avait regardé, sans défense pour la première fois. Le respirateur faisait un bruit de détendeur, musique à deux temps de la plongée sous-marine qui lui rappelait des souvenirs de vacances dans les Cyclades. Soudain, il réalisa que cette vulnérabilité inattendue rendait enfin leur contact possible. Il avait fallu en arriver là, au dernier stade, pour que les frontières mutuelles soient enfin abattues. La chair qui avait tant manqué à leurs rapports devenait maintenant disponible. Le bras gisait le long du corps. Il prit doucement sa main dans la sienne et la caressa du pouce. La peau était rugueuse, parcheminée par les années et les traces de solvant. Après un moment d'hésitation, il la porta contre sa joue et l'embrassa, tandis qu'un flot de larmes inondait son visage. Alors seulement, toutes les émotions refoulées durant quarante ans l'envahirent et il s'effondra sur le lit en sanglotant. La douleur fut extatique. Le soulagement du geste accompli se mêlait aux spasmes qui lui tordaient le ventre. Il ne savait plus quoi penser. Alors qu'il était seul dans la pièce, il éprouva tout de même la nécessité de se pencher à son oreille pour parachever sa tâche et prononcer les mots qui lui brûlaient les lèvres depuis si longtemps. Il était impossible de savoir si, dans son coma, l'artiste pouvait encore entendre les bruits de ce monde, mais l'incertitude, quelle que fût sa forme, avait toujours fait partie du jeu auquel il s'adonnait. Pascal ouvrit la bouche, mais rien ne vint, pas le moindre son. Les mots étaient lestés au fond de sa gorge, gueuse de plomb chutant, rectiligne, vers les abysses marins. L'obscurité était totale, le silence d'une extrême densité. Il n'entendit même pas le signal suraigu de l'alarme, cri d'alerte sur le pont du navire, lorsque les machinistes cessent de pomper par lassitude. Il n'entendit pas non plus la porte s'ouvrir et les infirmières se ruer dans la chambre. Maintenant, Pascal pouvait laisser son père s'en retourner vers cet Olympe qu'il avait toujours cherché à représenter. Il quitta la chambre et serra sa mère contre sa poitrine. Il se sentait neuf et lavé des péchés du monde.

Lorsque tout fut enfin terminé, il se rendit une nouvelle fois à l'atelier, l'antichambre de cet univers où les couleurs devaient régner en maîtres. Il passa la main sur le tabouret pour s'assurer que les taches les plus récentes étaient bien sèches, s'assit dessus, puis jeta un coup d'œil alentour. Beaucoup de toiles étaient déjà à Copenhague pour la rétrospective. Déformation professionnelle, il ne put s'empêcher de penser que la cote du défunt allait grimper en flèche. Rasmussen serait sûrement content.

Il savait pourquoi il était là et bien que son entreprise lui parût vaine, il lui fallait tout de même en passer par cette épreuve. Trop souvent, il avait imaginé cette scène, pour ne pas la vivre, une fois le moment venu. Essayant de masquer sa fébrilité, il se leva et commença à chercher. Il ouvrit les tiroirs du bureau et tria méticuleusement les papiers un par un. Il retourna toutes les toiles restantes et les observa longuement à la recherche d'indices ou de signes. Il passa deux heures à vérifier chaque détail puis s'assit par terre dans les cheveux. Ayant retourné toute la pièce, il savait maintenant qu'il était illusoire de continuer. La frustration à laquelle il s'attendait ne vint même pas. Il avait le sentiment de s'être conformé jusqu'au bout aux injonctions d'une prophétie erronée. Qui pouvait-il blâmer ? Pendant toutes ces années, il s'était raconté des histoires à dormir debout. Il avait fini par prendre ses désirs pour des réalités. À présent tout était accompli. Il n'y avait rien, ni lettre, ni tableau, ni testament spirituel. Il lui faudrait vivre quand même, dans l'ignorance.

Il se releva et se mit à traîner dans la pièce comme un gamin qui s'ennuie. Les toiles déplacées formaient des monticules, des obstacles en travers de son chemin. Il entreprit de se rendre à la fenêtre pour jeter un coup d'œil dans la rue, mais le capharnaüm formait à présent un ensemble de chicanes qu'il fallait enjamber ou contourner. Des piles de papiers, factures et courriers divers jonchaient le sol. La ligne droite était devenue impossible. Il trébucha sur un châssis et s'agrippa tant bien que mal au tabouret. Le siège se décolla de sa gangue de peinture dans un déchirement terrible. Entraîné par son propre poids, il se mit alors à chuter. Le sol n'était plus qu'un objectif, la perspective encore éloignée d'une collision inévitable, comme la rencontre de la terre avec un astéroïde. Tout lui paraissait à présent clair et distant. Il se foutait pas mal de s'écraser là, au milieu des vestiges sans signification d'une vie révolue. À vrai dire, il ressentait un certain soulagement à l'idée même de cette chute qui n'en finissait plus.

Au mois d'avril 1940, Ferdinand, alors âgé de 65 ans, errait entre les caisses innombrables qui ponctuaient les pièces de son palais. La déclaration de guerre suivie par la mobilisation générale avait mis un terme aux visites hebdomadaires, le privant ainsi de son sacerdoce. Le petit groupe d'aficionados s'était lentement réduit avant de se dissoudre tout à fait. Certains étaient partis grossir les troupes de la ligne Maginot, d'autres avaient fui vers le Sud. Il se sentait inutile, vide et confus. Cette nouvelle guerre avec l'Allemagne lui rappelait trop de mauvais souvenirs. Il avait construit ces murs pour se protéger du passé et le voilà qui ressurgissait pourtant sans crier gare. Décidément, la France était un pays condamné à ne pas s'aimer pour vivre en paix. Malgré lui, il songeait de nouveau à son père. Il était désormais difficile de circuler à l'intérieur du bâtiment tant les caisses s'étaient accumulées. Les couloirs spacieux étaient réduits à de minces boyaux. Ne quittant plus que rarement sa robe de chambre, il se faufilait dans ces tranchées sans un bruit. Les salons immenses s'étaient peu à peu changés en remises. Les empilements montaient parfois jusqu'aux plafonds, masquant les fenêtres et privant l'intérieur de toute lumière. Même en pleine journée, il régnait à présent dans le château de Sastres une pénombre permanente. Cette éclipse oblitérait tout. Au fil du temps, le personnel s'était fait plus rare. Les domestiques rechignant à vivre et travailler dans une caverne où régnait un désordre indescriptible avaient fini par demander leurs huit jours, lassés par les excentricités de leur maître. Plus récemment, la progression de l'armée allemande n'avait rien arrangé. Quelle qu'en fût la raison, on fuyait désormais le mausolée, comme Venise, victime de la peste. La rue Cardinet elle-même s'était progressivement vidée. Il ne restait plus auprès de Ferdinand qu'une poignée de fidèles, attachés à sa personne ou à son argent, parmi lesquels on pouvait compter Cherrier, ainsi qu'une nouvelle cuisinière nommée Adelaïde. La jeunesse de celle-ci semblait la prémunir contre les a priori. En effet, elle trouvait tout naturel de cuisiner entre les caisses qui, faute d'espace encore disponible, avaient également envahi les communs. Chaque jour, Ferdinand faisait donc son tour du propriétaire, sans plus rencontrer âme qui vive. Il suivait un tracé dicté par son humeur, ou par quelque force plus mystérieuse encore comme un ancien visiteur l'avait déjà suggéré. À la manière d'une bête dont on peut suivre le parcours dans les fourrés, il bifurquait au détour d'une caisse, laissant derrière lui les marques de son passage. Sa robe de chambre s'effilochait au contact des planches mal dégrossies et des touffes de coton retenues par les échardes signalaient alors sa venue. On n'achetait plus rien. Les ventes avaient momentanément cessé. Drouot attendait l'issue d'une guerre qu'on prédisait une nouvelle fois rapide. Ferdinand marchait en silence dans le labyrinthe. Le bruit de ses pas résonnait. À certaines heures de la journée et en fonction de la saison, il connaissait des recoins où un rayon de soleil, presque palpable, pénétrait entre les caisses et se frayait un chemin jusqu'au sol. Il aimait ces instants très brefs, inconnus de tous, qu'il savourait jusqu'à la dernière seconde. Aussi vite qu'il était apparu, le rayon obliquait, s'en allant éclairer un autre fragment du monde, plus loin, ailleurs. Il avait ainsi rendez-vous plusieurs fois par semaine avec ces étranges visiteurs. Bien entendu, ces rencontres ne toléraient pas le moindre retard. Il fallait s'infliger une discipline de fer. Parfois, au cours de sa promenade, il appelait Cherrier qui ne répondait jamais. Il criait son nom près de l'escalier puis écoutait sa propre voix se réverbérer sur le marbre. Il criait tout son saoul. Où était-il celui-là ? Était-il parti lui aussi ? Non, c'était impossible. Peut-être était-il à Londres, chez Christie's pour une affaire, ou bien à Genève ? Peut-être que lui aussi errait dans le labyrinthe, mais sans plus trouver la sortie. Il était certainement moins aguerri que lui-même à ce jeu. Il savait qu'il était là, quelque part en train de l'écouter beugler, se terrant comme un rat. Une seule chose était sûre, à force de patrouiller, il finirait bien par lui mettre la main dessus.

Au fil de ses itinéraires, il passait invariablement par la serre qui, depuis la démission du jardinier, ressemblait à une friche crasseuse. La verrière était rendue opaque par les poussières de charbon déposées par la pluie. Bien sûr, certaines plantes étaient mortes par manque d'entretien, mais plus curieusement, d'autres s'étaient mises à proliférer de manière incontrôlable. Le banian de Malaisie s'était répandu, envahissant tout l'espace disponible jusqu'à nouer un entrelacs de branches entre les caisses éparses. Ses racines avaient couru à travers le jardin, faisant sauter le dallage du chemin. On avait fermé le robinet de la cascade. Une mare d'eau croupie subsistait encore dans le bassin. Des lianes pendaient à présent du plafond et la mousse avait envahi la pelouse. Les tortues et les perroquets restaient invisibles, mais on entendait parfois des grognements étranges par-delà les rochers inaccessibles. Des choses rampaient dans les feuilles mortes qui jonchaient le sol. Il y avait de la vie là-dedans. La nature ayant survécu à son abandon était maintenant l'unique maîtresse des lieux, si bien que Ferdinand s'y sentait parfois étranger. Ses jours dans la serre étaient comptés, il le savait. Tôt ou tard, il devrait céder la place aux bêtes féroces qui hésitaient encore à se montrer. Il bénéficiait pour l'instant d'un sursis. De toute façon, les caisses devenaient impossibles à atteindre. Les ramifications du banian étaient trop denses. Il valait mieux se replier dans la dignité avant de céder à la panique, reculer de son propre chef plutôt que fuir par nécessité. Toutefois, il attendait le dernier moment. Il pensait pouvoir déterminer le point de non-retour. Alors seulement, il condamnerait les portes et tenterait d'endiguer la progression végétale. Chacun chez soi, pensait-il. Du moment que cette rébellion restait cantonnée à la serre, tout irait pour le mieux. Il considérait ces caisses comme un sacrifice rituel. Le banian était un adversaire coriace auquel il fallait faire une offrande en signe d'apaisement. Si elles lui plaisaient tant que ça, il n'avait qu'à les garder. Après tout, c'était une piètre rançon, quelques vases étrusques, un masque inca, trois portraits au fusain fait par un élève d'El Greco. De toute façon, qu'est-ce qu'un banian de Malaisie pouvait bien y connaître ? La tranquillité contre ces babioles, c'était un marché de dupe. En sortant de la serre, Ferdinand ricanait généralement de sa propre roublardise. Il s'arrêtait alors devant les caisses du grand salon qui étaient de loin ses préférées. Il les observait, se penchant légèrement afin d'apprécier au mieux le galbe d'un corps invisible, l'éclat d'une couleur absente. L'inventaire qu'il tenait maintenant depuis des années s'était étoffé d'acquisitions imaginaires. Il était toutefois difficile de savoir si Ferdinand inventait sciemment des œuvres qu'il ne possédait pas, ou bien si la solitude et la vieillesse lui jouaient des tours. Il n'avait jamais acheté *Les Noces de Cana* qu'il croyait pourtant voir dans cette immense caisse posée contre le mur, ni *Le Baiser* de Rodin, ni encore ce contre-jour de Goya auquel il s'adressait maintenant. Il parlait à ses caisses comme à des enfants turbulents, leur prodiguant des conseils. La claustration avait fait son effet. Il lui arrivait de se voir comme l'une de ses œuvres, bien à l'abri de la lumière et du temps à l'intérieur de sa propre boîte. Le palais était une caisse lui aussi. Les Vélasquez qu'il adorait en frissonnant de terreur, les Rubens qu'il n'avait jamais eus, toutes les œuvres finissaient par se mélanger. Il avait acheté ces choses sans les voir. Il était seul à présent, tableau parmi les tableaux, ombre parmi les ombres. Où étaient-ils tous, ses anciens disciples, ses apôtres ? Il n'avait pas vécu pour rien cependant. Si la guerre les avait séparés, c'était sans doute pour leur permettre de mieux dispenser son évangile.

Au même moment, sur une petite route du Rouergue, bringuebalait un convoi exceptionnel. Une dizaine de camions se rendait près du village de Martiel. L'État faisait mettre ses trésors en lieu sûr. Les Allemands seraient bientôt à Paris, ça n'était plus qu'une question de temps. Dans la panique précédant la débâcle, les musées nationaux avaient procédé à l'évacuation des œuvres. En route pour la province ! À la tombée de la nuit, le camion de tête s'immobilisa près du plan d'eau. Un cygne glissait sur la surface étale. Le bâtiment fortifié se dressait à l'arrière-plan, serein et massif, couronné de tourelles. C'était donc ça, l'abbaye de Loc-Dieu. Le conservateur en charge de l'expédition en avait entendu parler comme d'une région de dolmens, où les brigands avaient sévi jusqu'au XIIe siècle. En 1123, treize moines cisterciens avaient fondé à cet endroit de sinistre réputation une abbaye qu'ils avaient baptisée *Locus dei*, le lieu de Dieu. Les véhicules sans marque distinctive se garèrent dans la cour. Louis Bonnet descendit alors du camion et se dégourdit les jambes. Le voyage avait été interminable, sur des mauvais chemins de campagne peu adaptés à la circulation des poids lourds. Il entreprit un rapide tour des caisses puis on commença à décharger. Les lots portaient seulement des lettres, des numéros et des taches de couleur. Il était le seul à connaître leur signification. On regroupa les œuvres par dimension et par domaine. Il lui fallait décrypter les codes et faire appel à sa mémoire. Aucun document n'avait été produit. Il fallait éviter à tout prix que les Allemands ne découvrent le contenu des caisses. Les collègues restés à Paris se chargeraient de noyer le poisson en cas d'occupation de la capitale. Après tout, les réserves du Louvre étaient bien assez vastes pour occuper Hitler pendant des années. Il fallait faire vite et mettre toutes les collections à l'abri. L'orage menaçait. On travailla jusqu'à la nuit tombée pour faire le tri. En dépit de la nomenclature, il n'était pas satisfait du résultat. Les couleurs, les taches, les numéros ne lui apportaient aucune satisfaction. Il voulait obtenir quelque chose avant d'acheminer les caisses à l'intérieur. La cour se retrouva bientôt envahie par les colis de toutes dimensions. Il fit alors déplacer certains objets volumineux sans savoir pourquoi. L'agencement devenait crucial. Les manutentionnaires qui l'accompagnaient commencèrent à le regarder d'un drôle d'œil. On comprenait bien sûr l'empressement du conservateur et son attachement à sa mission, mais il ne fallait tout de même pas exagérer. Le voyage avait été long et pénible pour tout le monde. On s'attendait maintenant à un repos bien mérité et non à ces nouvelles excentricités. C'est ainsi que le conservateur Louis Bonnet découvrit le mausolée, pour ainsi dire reconstitué, dans la cour de l'abbaye cistercienne. Il était pourtant loin le temps où, infiltré parmi les fidèles, il s'était lui aussi rendu dans l'étrange palais de la rue Cardinet. La stupeur était de taille. Il contempla un moment les caisses sans comprendre ce qui lui arrivait, une possession, un envoûtement sans doute. Les cahots de la route l'avaient bercé tout au long du voyage, le plongeant certainement dans une légère hypnose. Sous la fatigue transparaissait une influence durable qu'il n'avait pas reconnue jusqu'alors. Il fallait se faire une raison. En dépit de ses efforts pour conserver la tête froide, il avait dû subir, d'une manière ou d'une autre, cette folie qui animait aussi Ferdinand de Sastres.

Il était temps de ranger. On achemina enfin les caisses à l'intérieur, pour la plus grande satisfaction des manutentionnaires qui piaffaient d'impatience en attendant la pluie. Bonnet fit mettre une petite caisse de côté. Trois pastilles rouges, LP0. Celle-là, il s'en chargerait lui-même. Une fois le matériel entreposé dans les différentes salles de l'abbaye désaffectée, le gardien des lieux le guida jusqu'à sa chambre. Il avait droit à un traitement de faveur, la cellule de l'abbé lui avait été réservée. Il posa sa valise, retira sa veste et s'assit sur une chaise fraîchement rempaillée. La caisse était là, devant lui. Sauf contrordre de Paris, il avait rempli sa mission avec succès. Maintenant, il fallait tenir, en dépit des événements. Il coucha la caisse et la glissa sous le lit. Là, au moins, elle serait en sécurité. Les Allemands pouvaient toujours venir. Il s'allongea à son tour. La tension qui l'avait animé depuis son départ disparut tout à coup. L'épuisement se fit alors sentir. Chaque parcelle de son corps était maintenant douloureuse. Il déboutonna le col de sa chemise et défit la ceinture de son pantalon. Le plafond était blanc comme un écran de cinéma. La lumière de l'ampoule vacillait, un peu faiblarde. Soudain une présence l'envahit. C'était une force incroyable dont il avait seulement soupçonné l'existence. Il était maintenant assailli par le désir. Son devoir l'avait amené à vivre ce rêve qu'il n'avait pas osé formuler. Les circonstances l'avaient choisi. C'était indéniable ! Au plafond défilait à présent le film de son fantasme. Pouvait-il faire sauter les scellés ? Sa conscience professionnelle le torturait. Il était encore fonctionnaire de la République, que diable, pas un bandit de grand chemin. La caisse restait donc inviolable, le dernier sanctuaire. Il lui faudrait se contenter de la présence, de la proximité. Même les songes les plus extravagants ont leurs règles et leurs contraintes. Avec le temps, il apprendrait certainement à se contenter de cette possession incomplète. Pour le moment, elle était à lui et à lui seul, c'était tout ce qui comptait. Très peu d'hommes avaient eu cette chance au cours des siècles et tous l'avaient vécue comme un événement fondateur. Il rejoignait maintenant leur petite communauté. Sa vie, jusque-là insignifiante, prenait enfin tout son sens, alors qu'il emboîtait le pas des rois et des voleurs. Il sourit béatement dans la clarté jaune et tandis que *La Joconde* lui souriait en retour à travers la caisse et l'édredon de plumes, le filament de tungstène finit par griller. C'était malheureux que de devoir bénir le Reich, mais jamais nuit ne lui parut plus douce.

François Klein avait 10 ans lorsqu'il déroba l'appareil photo de son père, un Brownie six-16 de marque Kodak. Il s'agissait d'une mystérieuse boîte noir et argent surmontée d'une poignée souple. La façade brillante était décorée de motifs art-déco. Au milieu, trônait cet œil de verre qui le fascinait littéralement. Il passait son temps à observer la lentille. Il avait découvert qu'en collant son œil contre l'objectif, tout en appuyant sur le déclencheur, l'obturateur s'ouvrait pendant une fraction de seconde laissant entrevoir le monde obscur de la chambre et de la pellicule. Bien sûr, il ne voyait rien, mais durant cet éclair d'un cinquantième de seconde, il pouvait imaginer tout un univers de rêves et de chimères prisonniers à l'intérieur de la boîte. Il avait attendu que son père fût parti au travail pour aller fouiner dans le bureau interdit. Après avoir ouvert tous les tiroirs, il avait fini par découvrir l'appareil et s'en était emparé. Il avait alors quelques heures devant lui pour s'adonner à sa passion. De retour dans sa chambre, il avait longuement observé l'engin, le scrutant sous toutes les coutures, manipulant chaque bouton, à la fois excité par la nouveauté et tendu par la crainte de casser une partie du mécanisme. Il ne fallait surtout pas laisser de trace. C'était la condition pour pouvoir jouir lui aussi de cette boîte à images. Il ignorait si l'appareil était chargé. Au cours de son exploration systématique, il avait appuyé plusieurs fois de suite sur le déclencheur et cette maladresse risquait de le trahir. C'était un objet noble, dont l'aspect général aussi bien que la fonction inspiraient un profond respect. Il comprenait mieux maintenant pourquoi son père voulait le garder pour lui seul. Depuis plusieurs jours, régnait à la maison une agitation sans précédent et il avait profité de ce remue-ménage pour mettre son plan à exécution. Les adultes étaient toujours dans leur coin à s'agiter pour des choses incompréhensibles. Il ne s'en inquiétait plus. Le soir, on lui interdisait dorénavant d'écouter la radio, alors que le poste en bois Philips l'intéressait bien plus que ses devoirs de conjugaison et d'arithmétique. Une lumière jaunâtre irradiait du cadran où l'on pouvait lire le nom des stations, Istanbul, Moscou, New York et Valparaiso. Du haut-parleur largement découpé dans la plaque d'acajou verni jaillissait la musique que son père affectionnait tant. Il se souvenait des samedis soir, où ses parents le laissaient exceptionnellement veiller pour écouter le concert de la Scala. Il passait alors une heure au pied du canapé, les yeux braqués sur le cadran. Ses parents l'ignoraient sûrement, mais il appréciait autant ces moments pour la musique que pour la vue du poste scintillant. À force d'avoir tourné et déréglé le bouton des ondes en cachette, il avait fini par connaître la liste des villes par cœur. Il s'en souvenait comme on retient, sans même s'en rendre compte, l'ordre des stations sur une ligne de métro qu'on emprunte chaque jour. Cette séquence longue et difficile était devenue pour lui une sorte de litanie rassurante et magique. Il avait entendu dire que la radio fonctionnait grâce à des lampes et il avait hâte que le poste tombât en panne pour en avoir le cœur net. Dans la pièce à côté, sa mère et sa tante préparaient quelque chose. Elles empaquetaient de l'argenterie ou Dieu sait quoi de métallique qui tintait à travers la porte close. Il posa l'appareil photo sur le tapis et décida de jouer un peu avant de le remettre à sa place dans le bureau. Le Kodak serait un immeuble, un gratte-ciel comme on en voyait en Amérique. Il prit sa petite voiture préférée et se mit à circuler dans les grandes rues du nouveau monde. Il imitait le bruit du klaxon à la perfection. La Delage était un peu typée pour une voiture américaine et il faudrait qu'à son prochain anniversaire, il pense à demander une Ford, ou une Chrysler. Certains détails ne toléraient pas l'approximation. Devant lui, le coffre à jouets paraissait éventré. Il s'était suspendu au placage de bois qui dépassait légèrement de son support et avait arraché une bonne partie du revêtement. Généralement, on pouvait faire confiance aux meubles. Il s'agissait d'objets tangibles et solides. Celui-là était une supercherie. Dès le premier assaut, tout avait cédé avec une facilité déconcertante. Le monde était plein de ces mensonges. Cependant, les arguments déployés avec force conviction étaient restés lettre morte. On l'avait puni quand même.

Il ne jouait plus depuis longtemps avec le poupon, c'était un jeu stupide, tout juste bon pour les filles et les bébés, mais il avait toutes les peines du monde à s'en débarrasser. À chaque nouvelle tentative, il échouait lamentablement. Sa mère finissait toujours par découvrir le stratagème et lui rendait l'infâme lardon tout en croyant lui faire plaisir. Décidément, les adultes ne comprenaient rien à rien. Dans le salon, c'était maintenant le grand chambardement. On remuait les meubles dans un vacarme assourdissant. Il aurait pu passer la tête par l'encoignure de la porte pour se faire une idée de la situation, mais il savait que sa mère n'aimait pas être dérangée. Les enfants devaient vivre dans un monde séparé. Les occasions de s'immiscer dans l'univers contigu et pourtant interdit étaient rares et contrôlées. Il fallait savoir s'y faufiler. Au-dessus du coffre, les soldats de bois montaient la garde. On avait toujours besoin d'une bonne brigade à l'occasion car les guerres entre jouets étaient inévitables et l'on ne faisait pas de prisonniers. C'était la règle ! Le soldat de bois était un fantassin vaillant et discipliné. On pouvait compter sur lui en cas de coup dur. Ne prenant jamais part à la bataille, comme un arbitre au-dessus de la mêlée, siégeait *L'Amazone*. C'était la divinité de référence de ce côté-ci du monde. Les Indiens avaient bien leur Vishnou. Du moins, c'est ce qu'il avait entendu dire. Les autres enfants de son âge avaient eux aussi leurs petites voitures et leurs poupées, leurs soldats et leurs dominos, leurs billes de verre coloré, mais il était sans doute le seul à posséder un tableau. Cette distinction l'emplissait de fierté. Lorsqu'il ne savait plus quoi faire, il s'asseyait sur le tapis et regardait simplement *L'Amazone*. Elle était plus qu'un personnage de cirque, plus qu'une simple dompteuse, c'était elle qui lui avait tout appris des femmes. Au début, il n'avait pas vraiment fait attention à ce détail, mais à présent, lorsqu'il fixait sa poitrine nue, il sentait une étrange émotion l'envahir. C'était à la fois plaisant et déconcertant. Sa gorge se serrait, ses mains devenaient moites, son estomac se nouait. Il pouvait lui parler et lui confier ses secrets pendant des heures. En rêve, il la rejoignait souvent. Ils chevauchaient alors tous les deux à travers la campagne, tandis que dans le ciel, la sorcière volait à la poursuite de la lune. Une nuit, elle l'avait embrassé. Elle n'obéissait à aucune règle et paraissait aussi libre que le vent. Son bon vouloir était l'unique loi. Lorsque le cheval galopait, on n'entendait aucun son. Il la tenait par la taille et, la tête posée contre son dos, écoutait les battements de son cœur. Plusieurs fois, il lui avait demandé le nom de son cheval bleu, mais la question restait toujours sans réponse. Elle lui souriait souvent, mais ne parlait jamais. Il comprenait maintenant. Une forme de communion silencieuse existait entre eux deux. Il ne fallait pas rompre le charme par des questions stupides, ou du verbiage. Pourtant, il brûlait en secret de connaître le nom du cheval. Il ignorait pourquoi. Parfois, il déposait quelques butins sur la margelle du coffre à son intention. Lorsqu'il gagnait aux billes dans la cour de l'école ou que son père lui donnait les timbres étrangers qu'il recevait au courrier, il n'oubliait jamais de déposer sur l'autel une fraction de son trésor. Le « neuf pennies vert » des Indes anglaises trônait ainsi à côté d'une agate mauve. Le tribut encombrait les pieds des soldats sans leur être destiné. Dans leur grande sagesse et leur respect de la hiérarchie, ils comprenaient toutefois qu'ils avaient affaire à plus forte partie. *L'Amazone* avait grade de généralissime. Le cheval sans nom était l'égal de Bucéphale. Dans l'espace clos de la chambre et même au-delà, son autorité naturelle était incontestée. Il avait appris que les Amazones étaient autrefois de farouches guerrières vivant sur les bords de la mer Noire. Une fois l'an, elles choisissaient les mâles les plus beaux parmi les populations voisines et s'unissaient à eux. Il attendait maintenant d'être choisi.

L'appareil Kodak permettait de fixer les anniversaires et les vacances, les fêtes de famille et les sorties au parc. Il soupçonnait à présent la peinture d'être un procédé similaire, mais destiné à capter cette autre réalité, inaccessible au plus grand nombre. Observer le tableau, c'était donc comme regarder une photographie prise dans ses rêves. Il lui suffisait maintenant de jeter un coup d'œil au cheval pour se rappeler de leurs équipées fantastiques. Le tableau avait pour lui valeur de souvenir. Il se glissa hors de la chambre, le Brownie à la main, et longea le mur du couloir. Au même instant, sa mère sortit en trombe du bureau et manqua de lui tomber dessus. Dans un moment de panique, il tenta maladroitement de dissimuler l'appareil derrière son dos, tout en sachant sa tentative inutile. Il baissa les yeux. Son cœur se mit à battre plus fort comme il attendait la réprimande, mais sa mère lui passa la main dans les cheveux. Il releva la tête et la regarda étonné. À ses yeux pleins de tendresse et de larmes retenues, il sut immédiatement qu'une tragédie, dont il ignorait encore tout, était en train de se jouer.

La main de Ferdinand pendait mollement hors du lit. Depuis plusieurs jours, il avait du mal à se lever. Adélaïde lui apportait des bouillons chauds qu'il ne touchait même plus. Les rideaux étaient tirés. Il avait si froid qu'il avait demandé à la jeune cuisinière de faire du feu. Elle avait alors déposé quelques bûches sur les chenets en forme de taureaux et insisté pour qu'il vît un médecin. Ferdinand n'avait aucune confiance en ces charlatans qui tuaient chaque jour à l'hôpital plus de patients qu'ils ne pouvaient en soigner. Il se fichait pas mal qu'on fût au mois de juin. Il voulait du feu dans cette satanée cheminée. Cherrier était passé le voir en début de semaine. Il avait prétexté un empêchement, quelques commissions à accomplir, rien de très valable pour justifier ses absences. Ferdinand avait bien vu dans son regard curieux qu'il venait aux nouvelles. « Alors, comment va le vieux ? » avait-il sûrement demandé à la cuisinière. Elle restait malgré elle la dernière des fidèles. Cherrier savait pertinemment que Ferdinand n'avait pas de descendance. Il rôdait par conséquent autour de la chambre comme un vautour à l'affût. Ferdinand avait laissé des instructions chez son notaire pour qu'après son décès, le palais fût transformé en musée. Plusieurs générations seraient sans doute nécessaires pour éduquer le public. Tout lui revenait à présent en mémoire. Comme son propre père, il avait essayé de bâtir, mais lui aussi avait échoué. À son tour, il allait finir dans une caisse, c'était comique après tout. Il avait demandé à ce qu'on ne lui apporte plus le journal. Il ne voulait rien savoir de l'extérieur. Les Allemands seraient bientôt là de toute façon, avec leur casque à pointe et leur Kaiser. Tout recommençait toujours. Ses doigts pouvaient effleurer la caisse qui se trouvait encore en dessous du lit. Il se foutait de mourir, pourvu que la mort soit le prolongement de son rêve. Ses chances de succès paraissaient bonnes. Il fallait qu'il mette au point une dernière fois les arrangements de la scène, afin que tout soit en place pour son arrivée véritable. La Vénus l'attendait entièrement nue, à peine dissimulée par sa longue chevelure. Sa main droite glissait le long de sa poitrine, en épousait le galbe parfait. La peau de ses hanches était rendue légèrement granuleuse par un courant d'air frais. Tout en elle transpirait le désir trop longtemps contenu. Il vivait maintenant l'unique histoire d'amour qu'il eut jamais connue. Bientôt, il franchirait la barrière et la tiendrait enfin dans ses bras. Ce serait l'apothéose, le clou de ce spectacle dérisoire. Peut-être qu'alors toutes les caisses s'ouvriraient comme par enchantement. Les corps décomposés étaient bien voués à la résurrection, disait-on. Les œuvres devaient elles aussi avoir droit à cette seconde chance. On assisterait à un grand défilé. Les tableaux s'en iraient à la queue leu leu par les couloirs sombres. Les statues descendraient de leur piédestal. Les cariatides porteraient les bustes sans bras. Les atlantes se chargeraient alors des corps sans jambe. Les visages sans nez partiraient à la recherche de leur appendice manquant. Quelque part, devait exister un pays où les oreilles arrachées et les doigts sectionnés attendaient en vrac le retour de leur propriétaire légitime. L'art grec et le temps avaient produit de concert un vaste ramassis d'éclopés. Toutes les guerres confondues n'en avaient pas créé autant. Et puis les coupes vermeilles se rempliraient de vin, les cornes d'abondance déverseraient la nourriture nécessaire à tous ces ressuscités. C'est ainsi que serait cet autre Jugement. Allongé sur le lit, immobile à l'exception de sa main qui caressait la planche, il songeait à la Belle au bois dormant en attente de son prince. Lui, au contraire, voulait dormir, pour pouvoir embrasser sa belle. À force d'être effleurée, la planche s'était polie à l'endroit où passait et repassait sa main. La rugosité avait fait place à une certaine douceur. Il aimait désormais le contraste entre le bois brut et cette petite zone qu'il avait apprivoisée. Le feu crépitait dans la cheminée. Les flammes faisaient danser l'ombre des taureaux sur le mur opposé. La chambre tout entière semblait animée par ce mouvement. Le lit à baldaquin flottait doucement au-dessus du sol, se dandinant de gauche à droite, comme une barque au large. Quelque part ailleurs, une horloge sonna quatre fois. La pièce était vide. Autour de ce noyau d'absence volontaire régnait le chaos des caisses amassées. Autour du palais comble s'étendait la ville qui se vidait. Autour de la ville creuse était à présent un pays qui se remplissait de conquérants et de fuyards. Comme on transvase un liquide d'un récipient à un autre, il passa simplement de vie à trépas.

Il fallait donc partir. Les Allemands arrivaient. Cela faisait un moment qu'on en parlait, mais cette fois c'était pour de vrai. Son père était rentré bien plus tôt que prévu en disant qu'il avait mis ses affaires en ordre. Sa mère n'avait rien laissé filtrer au sujet du Brownie. Pour François, c'était un vrai soulagement. On avait empaqueté toutes les affaires, même les statuettes que sa mère aimait tant et puis tous les livres. C'était du sérieux ! Où irait-on après ? Il avait fallu faire un tri parmi les jouets et les vêtements. Il était hors de question de tout emmener, mais ce qui devait rester serait mis en lieu sûr. Sa mère était venue dans sa chambre et avait décroché *L'Amazone* du mur. Il avait alors senti son cœur se déchirer. Il s'était jeté sur elle en hurlant, l'avait suppliée, s'était accroché à sa robe sans succès. Elle l'avait regardé avec des yeux ronds, découvrant sur le tard le véritable attachement qui pouvait exister entre un petit garçon et un tableau. Après tout, elle l'avait accroché là exactement à cette intention, pour développer sa sensibilité, pour éviter qu'il ne devienne une brute. L'opération avait apparemment trop bien réussi. Cependant, on disait aussi de Hitler qu'il avait été peintre. Toutes ces histoires de tableaux étaient sans doute exagérées. Si l'art pouvait transformer quelqu'un au point d'en faire un poète, comment pouvait-il également fabriquer des bourreaux ? Elle lui expliqua que cet arrangement était temporaire. Bientôt, on reviendrait et tout serait de nouveau comme avant. On retrouverait le tableau avec les meubles et la vaisselle, les costumes et la bibliothèque. Il ne fallait surtout pas s'inquiéter. Il avait alors pleuré en silence, prostré dans un coin de la pièce et la douleur muette de cet enfant généralement si calme et rêveur lui avait noué la gorge. Il s'était retrouvé seul avec sa tante dans l'appartement désormais désert, pendant que ses parents acheminaient tout le mobilier chez le garde-meuble Noisiel. Le temps pressait. À l'aube, il faudrait charger la voiture et partir loin. Le soir, on avait mangé des sandwichs, assis par terre en écoutant la radio. On n'emmènerait le poste Philips qu'au dernier moment. Il fallait se tenir informé des nouvelles. Ce départ était pour lui comme une amputation. On l'arrachait à tout ce qu'il avait connu, sa chambre, le confort rassurant du foyer, la lumière filtrant à travers les rideaux beiges. Il savait qu'un bout de lui-même resterait ici à jamais. La perspective d'un retour rapide n'y changeait rien. Désormais, il verrait toujours l'appartement comme un grand espace où traînaient des moutons de poussière, un endroit désolé qu'on abandonne, une coquille vide. Plus rien ne serait comme avant. Deux seules choses lui remontaient le moral, la certitude de ne plus retourner à l'école avant un moment et la possibilité de contempler une dernière fois le cadran de la radio, comme il avait l'habitude de le faire lorsque tout était calme et que le monde était stable autour de lui. Une fois les sandwichs avalés, tout le monde alla se coucher. Les lits trônaient au milieu des chambres nues. L'espace entre les murs lui paraissait démesuré, inquiétant, comme une étendue hostile à traverser de bord à bord. Il se réfugia sous les draps. La trace laissée par le tableau sur le mur dessinait un cadre jaunâtre en face de lui. Il se mit à prier pour que *L'Amazone* et son cheval viennent à nouveau l'emporter dans ses rêves, pour qu'ils ne soient pas trop en colère du mauvais tour qu'on venait de leur jouer. Il les supplia de bien vouloir le pardonner et de ne pas refermer derrière eux les portes d'un monde où il s'était invité. Il avait beaucoup pleuré et la fatigue finit par l'emporter. Rapidement, il sombra dans le noir et la chaleur de juin.

Vers cinq heures du matin, sa mère vint le réveiller. Il ne se souvenait de rien. Avait-il seulement rêvé de la campagne et du cheval bleu, de la sorcière volante et de sa lune, de *L'Amazone* et de son cœur battant ? Durant toutes les décennies qui suivirent cette nuit et tout au long de sa vie, il n'en rêva plus jamais. Le souvenir même en fut effacé par le déracinement et la peur. Ils déjeunèrent sur le bord de l'évier d'une baguette de la veille et d'un pot de confiture. Ils descendirent ensuite les valises, le poste de radio qu'il fallut transporter avec mille précautions et les dernières affaires qui traînaient encore. Son père chargea la malle de la Traction 15 légère qui faisait la fierté de François lorsqu'il allait encore à l'école. On attacha un maximum d'objets sur le toit à l'aide de sangles et de cordes. Enfin, il fallut embarquer. La voiture plia sous le poids de ses occupants et de leurs biens. On claqua les portières le plus doucement possible. Pour une raison que François ignorait, il valait mieux ne pas attirer l'attention des voisins. Son père tourna la clef de contact et le six cylindres se mit alors à vrombir. Bien qu'il fît déjà jour, les rues de Paris étaient encore désertes. Vite, il fallait se souvenir, fixer tout ça, comme avec le Brownie, ne pas laisser ce monde disparaître à tout jamais. Il fallait retenir un tout petit peu, ne fût-ce qu'une infime fraction de cette réalité, pour qu'elle vive encore dans le futur incertain. Il fallait s'accrocher à quelque chose pour ne pas succomber à la panique, s'accrocher à Istanbul, Moscou, New York et Valparaiso… Alésia, Mouton-Duvernet, Denfert-Rochereau, Raspail…

Pascal gisait maintenant au milieu des documents éparpillés et des menus objets brisés. Le petit-bois des châssis avait amorti sa chute. Il resta là sans bouger pendant un long moment, parmi les fragments de toutes tailles. Il ne s'était pas fait mal, quelques écorchures tout au plus. Il avait la sensation d'avoir dévissé du haut d'une corniche, le genre d'accident au cours duquel on revoit toute sa vie défiler devant ses yeux. Avec précaution, il se tourna sur le dos, retira les éclats indifférenciés qui lui piquaient la nuque, déplaça le tabouret qui gisait à côté de lui et s'allongea tout à fait. Le calme régnait dans la pièce. À l'exception du papier froissé qui lui chatouillait les cheveux dans un crissement caractéristique, on n'entendait plus aucun bruit. Sa mère passait quelques jours chez une amie à la campagne. Son retour dans l'appartement vide serait sans doute une épreuve. Même le vrombissement des voitures avait soudain disparu. Il était seul, emmitouflé dans le silence. Malgré lui, il ne pouvait se départir d'une sensation d'étrangeté. Venir ici était comme voyager dans un pays lointain et coupé du monde depuis des siècles, le royaume du Bhoutan ou l'Altiplano bolivien. Le temps et la disparition de son père n'y changeaient rien. Il serait toujours un intrus dans ce monde, au mieux un touriste imbécile, au pire un profanateur. Le saccage auquel il venait de se livrer lui pesait à présent. Pourtant, ses attentes lui paraissaient légitimes. Non seulement, il était seul dans la pièce interdite, chose qui ne s'était plus produite depuis ses 10 ans, mais en plus, il était couché à même le sol, au milieu des paperasses et des toiles inachevées. Qui eût cru cela possible ? Le plafond avait échappé aux éclaboussures. L'abat-jour était poussiéreux. Il fixa l'ampoule comme on fixe un point éloigné de la côte pour éviter le mal de mer. Brusquement, il comprit qu'il lui restait quelque chose à accomplir. Ce qui lui avait semblé être une anecdote inattendue et passionnante était en train de devenir l'objet d'une quête. Il fallait désormais qu'il vît seul ce qu'ils auraient dû voir ensemble. Il ne savait pas vraiment pourquoi, mais cette idée devenait impérative. Un moment auparavant, cet empressement lui aurait paru ridicule. C'était une étrange sensation. Avoir la certitude que *L'Amazone* était bien un Chagall ne lui suffisait plus. Il fallait qu'il la retrouve, coûte que coûte. Rien ne prouvait que la toile existât encore, mais il sentait maladroitement que le fil de cette histoire n'était pas rompu. Il fallait boucler la boucle, refermer les plaies ouvertes par l'histoire en contemplant le cheval bleu une dernière fois. Il ne prétendait pas récupérer un objet dérobé, mais bien regarder en face ce qui présidait à sa propre destinée. La pièce baignait alors dans une clarté inhabituelle. Il se releva, et regarda par la fenêtre la neige qui tombait à gros flocons sur Paris.

À présent, tout son corps sentait le pamplemousse. C'était certain. Sa sueur libérait des molécules aromatiques. Son hôtesse l'avait quitté en s'excusant pour aller s'occuper de nouveaux clients à mesure que le bar se remplissait d'habitués. Sa prestation devait avoir une durée déterminée qu'elle était seule à connaître. Il s'était pourtant donné du mal pour avoir l'air intéressant, même dans une langue inconnue. La neige qui tombait depuis un moment de manière éparse redoubla d'intensité. Par la vitrine, il pouvait voir les trottoirs se couvrir d'une couche fine et cristalline. Son avance, qu'il avait savamment calculée afin d'évacuer le stress, était maintenant presque épuisée. L'homme qu'il avait eu au téléphone, le secrétaire de Masaharu Hiraga, serait bientôt là. Son téléphone se mit à vrombir dans sa poche revolver.

— Allo ?

— Allo Tokyo, *moshi moshi*, c'est moi !

— Salut chérie, ça va ? Qu'est-ce que tu fais ?

— Je viens de faire pipi.

— Tu m'appelles pour me dire ça ? C'est vraiment très gentil…

— Mais, non ! Je viens de faire pipi et ça fait un trait bleu…

— Ah… eh bien ça m'a jamais fait ça, tu devrais peut-être voir un médecin ?

— Effectivement !

— … C'est moi, ou je ne comprends rien à ce que tu me racontes ?

— … Je suis enceinte, bougre d'idiot !

Il resta interdit un moment, la bouche entrouverte, le téléphone plaqué contre l'oreille. Dehors, c'était la tempête de neige. Un tube japonais passait à la radio. Il regarda avec attention toutes les personnes présentes dans le bar, les grappes de salariés en costume sombre, les *otakus* luttant contre leur agoraphobie, les serveuses déguisées…

— Allo ?, demanda-t-elle inquiète.

Sa voix était relayée par deux satellites géostationnaires. Le son, une fois numérisé, était envoyé dans l'espace, confettis de données fragmentées, mégaoctets d'information qui voyageaient à la vitesse de la lumière. Les *kamis* du langage étaient à la recherche d'un réceptacle. Ondes et flux de particules formaient un courant, presque une tramontane. Ici, le vent des dieux était appelé *kami kaze*. Après un trajet de quatre-vingt mille kilomètres, le message était enfin reconstitué, converti en signaux analogiques. Son oreille imparfaite devenait alors susceptible de transcrire les impulsions électriques en message signifiant. Les opérations de codage et de décryptage étaient beaucoup trop nombreuses à son goût. Un bout de la phrase avait bien dû se perdre quelque part dans l'infini, entre deux fragments de fibre optique mal jointoyés, entre deux ordinateurs récalcitrants, réceptacles synthétiques et fatalement dysfonctionnels.

— Quoi ?, lui demanda-t-il.

— Pipi, trait bleu, enceinte.

— … C'est vrai ?

— Oui.

— … C'est formidable !

— Oui, oui.

— … Je suis un peu sous le choc, là ! Ça doit être le pamplemousse…

— Être un homme n'est pas une malédiction ! En tout cas, pas celle que tu crois. On peut choisir de briser le silence qui pèse sur les générations autrement qu'en renonçant à tout. Si on le souhaite vraiment, on peut échapper à ça !

— Il faut que je voie ce tableau, maintenant, raison de plus. C'est la dernière étape.

— J'ai besoin de toi. Tu me manques.

— Tu me manques aussi. Je te rappelle dès que c'est fini.

Il raccrocha. La sueur ruisselait maintenant sur son front. Il extirpa un mouchoir de sa poche de pantalon et s'épongea le visage. Il songea ensuite qu'il lui faudrait absolument acheter un tableau pour mettre dans la chambre de son enfant, une fée, un oiseau, n'importe quoi. Que foutait cet imbécile de Japonais ? Il regarda une nouvelle fois sa montre. Il rangea ensuite son téléphone et tenta de se calmer. Longtemps, il avait cru que fonder une famille le forcerait à devenir son propre père, à s'emmurer dans une solitude incompréhensible. Il était resté convaincu que la liberté et le bonheur passaient par une forme de rébellion contre la nature. Interrompre le cycle qui l'avait porté jusque-là était un genre d'affirmation de soi. Il refusait de faire partie de la masse. Durant toutes ces années, il avait lutté contre l'instinct, réprimant l'animal qui était en lui par souci d'indépendance. À bien y réfléchir, il s'était senti seul et abandonné, frustré par une liberté toute relative et un bonheur factice. En se consacrant exclusivement au monde des idées, il s'était amputé d'une partie fondamentale de lui-même. Reconnaître son erreur était pour lui une preuve de courage. On ne pouvait lutter contre des forces si terribles et jouer indéfiniment la volonté des hommes contre la loi du monde. Les êtres humains étaient finalement de simples bêtes affublées d'une conscience et Kant, un psychorigide terrifié par la vie. L'admettre était déjà un pas vers la délivrance. Le bonheur, s'il existait, n'était peut-être qu'une récompense offerte par la nature à ceux qui acceptaient ses règles sans condition.

Une nouvelle fois, il fut absorbé par sa rêverie et retrouva Chagall à l'œuvre devant son tableau. Bella flotte encore près du plafond, sur le dos, comme un poisson mort, la robe gonflée en volutes blanches. Asphyxie de la baudruche dilatée. Dans l'atmosphère consumée de couleurs, on cherche l'oxygène restant près du luminaire. La poussière jaune de l'ampoule cradingue est un point de mire à la surface, comme une issue possible. Le soleil pénètre en biseau dans l'atelier défait. Dans un coin de la pièce, les rabbins n'en finissent plus de discuter avec une chèvre hassidique. Sur la toile, les cheveux rouges, les seins en avant et le sang bleu des songes équestres dessinent des lignes de coupe. La crinière se mêle aux boucles carmin, touffes de poils hirsutes, flammes qui jaillissent de la tête.

Chagall repose la brosse au bord du chevalet. Dans l'entrée, les valises sont déjà faites. Il partira le lendemain pour Barcelone. Ensuite, il ira certainement ailleurs. Partout, il est à Vitebsk, le jour de ses 10 ans, sur les Ramblas ou boulevard Edgar-Quinet, c'est toujours Vitebsk, entre la boucherie casher et la synagogue de peuplier.

Il songe au temps de la Ruche, lorsque Soutine, voisin de chambre et de misère, se tapait la tête contre leur mur mitoyen. Il entendait alors le bruit sourd et répétitif, le crâne plein butant contre la cloison vide, barre à mine du terrassier qui travaille sans se plaindre. Il faut ajouter un éventail dans la bouche du cheval, songe-t-il soudain. Il regarde le tableau en train de se faire, les images qui s'agglutinent en essaim. La tête de Soutine lui manque à présent, rien que sa tête et les coups sourds qui rythmaient ses journées.

Les rabbins débattent sans discontinuer, mais la chèvre a brouté dans le jardin d'une yeshiva à Liadi et leur tient tête sur des points théologiques particulièrement épineux. Chagall jette un œil au-dehors. La rue d'Alésia est déserte en cette fin d'après-midi de novembre. À New York, les banquiers se balancent par les fenêtres des gratte-ciel. Il se demande un instant ce que deviendra la toile une fois terminée, mais cette pensée lui est finalement étrangère. Il la chasse d'ailleurs d'un revers de la main, comme une mouche déjà engourdie par le froid de l'automne.

Lorsque le cadre est plein, il convoque à nouveau toute la ménagerie et recommence simplement ailleurs.

Pascal était rentré chez lui, investi de sa nouvelle mission. Tant que le tableau poursuivait sa trajectoire dans la clandestinité, son père n'était pas tout à fait mort. Une part de lui continuait à vivre avec le cheval bleu. La somme des émotions investies par son père dans cet objet avait produit un lien presque charnel. Cette relation survivait à la disparition de l'un des contractants. Pascal en était maintenant le dépositaire, l'héritier en quelque sorte. Il n'avait pas tout de suite compris à quel point le passé était une charge transmissible. En guise de patrimoine, il avait reçu une responsabilité. Il avait beau se persuader que toute cette histoire était une vue de l'esprit, l'expression de ses propres remords, il ressentait l'appel de la toile. Elle le voulait à son tour, lui, le fils. Il lui fallait une âme en compensation, un nouveau compagnon de jeu. Malgré la distance, le propriétaire actuel de *L'Amazone*, le tableau et lui-même formaient à présent un ménage à trois. Le receleur en avait-il seulement conscience ? Soixante-cinq ans s'étaient écoulés. Une œuvre de ce calibre avait dû passer de main en main au fil des guerres et des révolutions. Quelque part, un homme devait s'agiter, lui aussi tourmenté par cet objet manifestement doué de volonté. Pascal n'avait d'autre choix que de partir à sa recherche. Évidemment, tout cela était un jeu dangereux. Fouiller, c'était maintenir le fil tendu entre son père et lui. Trouver, était tout autre chose. Il lui fallait se lancer dans une aventure dont le terme serait la séparation définitive. Une fois le tableau redécouvert, il serait sans doute libéré, mais seul.

Au bout de quelques jours, il s'en était ouvert à Sylvie qui l'observait dérailler sans un mot. Elle attendait que la douleur s'atténuât pour le raisonner un peu.

— Tu crois vraiment qu'un type qui possède un Chagall volé va t'accueillir à bras ouverts, toi le petit-fils du propriétaire légitime ?

— Ça peut paraître complètement fou, mais j'ai l'intime conviction d'être relié à lui maintenant et… je crois qu'il ressent la même chose…

Sylvie le regarda un instant, l'air à la fois inquiet et plein de tendresse.

— Ne le prends pas mal, mais il y a des circonstances où demander de l'aide est légitime et normal. Il faudrait peut-être que tu voies quelqu'un ?

— Je vais aussi bien que n'importe qui dans ce genre de circonstances. Il y a quelque chose de spécial, que je ne peux expliquer autrement. Si je trouve cet homme, je sais qu'il me reconnaîtra. Ce sera comme rencontrer quelqu'un qu'on a déjà vu en rêve. Lui aussi vit au quotidien avec ce tableau.

C'est le genre de choses qui change ta vie. Sastres l'avait bien compris.

— Qui ça ?

— Ferdinand de Sastres, un collectionneur dont j'ai étudié les manies. Un homme curieux qui avait des opinions sur l'art en général...

— Ça fait beaucoup de gens curieux dans ton histoire. Tu ne crois pas que l'émotion et le surmenage...

— Non !

— Je veux bien admettre que tu vives quelque chose que je ne puisse pas comprendre, mais juste accepter. Trouve donc ce tableau. Tu as d'autres choses à vivre... Qu'est-ce que ton Ferdinand aurait pensé de tout ça ?

— ... Du mal, je crois. Les images sont néfastes par nature. Elles doivent être dissimulées.

— Soit. Mais, je suis là moi, ne m'oublie pas dans tout ça. Tu sais que... je veux un enfant de toi...

Il se mit à sangloter de manière irrépressible, sans aucun bruit, se cachant le visage dans les mains. La soudaineté et la violence de l'émotion le prirent par surprise. Pascal se leva et s'enferma dans la chambre. L'envie de peindre, dont il avait fait le deuil trente ans auparavant, le saisit à nouveau, complètement inattendue, comme une très ancienne douleur engourdie par le temps. La régression absurde le terrassait. Il lui fallait produire quelque chose de valable, laisser une trace de sa vie avant d'envisager toute paternité.

Sylvie resta seule, les larmes au bord des yeux. Elle se passa la main sur le ventre, puis se pinça jusqu'à ce que la douleur devienne intolérable. Pourquoi n'avait-elle jamais le droit d'exprimer son manque à elle ? Le moment était peut-être mal choisi, mais elle s'occupait toujours de la souffrance des autres, sans jamais rien obtenir en retour.

Il se mit donc à chercher. Les pistes étaient pourtant minces. Une visite sur place s'imposait en guise de préambule. Faute de mieux, il se rendit rue d'Alésia et regarda la façade de l'immeuble. C'était devant cette porte cochère que la Traction avait démarré un matin de juin 1940. Des millions de gens étaient alors éparpillés sur les routes. C'est là que tout avait commencé, se dit-il. Son entreprise était absurde. Des adolescents sortirent de l'immeuble, traînant dans leur pantalon trop large. Qui pouvait bien se souvenir de cette époque à présent ? Il marcha un peu plus loin jusqu'au garde-meuble qui par miracle existait toujours, mais sous un autre nom. Les grands espaces disponibles à la périphérie de Paris se faisaient rares. C'était le genre d'endroit qu'on destinait au stockage par nature. Le temps n'y changeait rien. On avait toujours besoin d'un débarras quelconque, d'une cave supplémentaire. Se faisant passer pour un notaire, il expliqua qu'il cherchait l'héritier des Noisiel. Le patron, un gars un peu bourru, lui répondit qu'il avait acheté les murs et le fonds de commerce en 1972. Il avait quelque part dans ses papiers l'adresse d'un certain Amaury, l'ancien propriétaire, mais il ne connaissait aucun Noisiel. Pascal accepta de le suivre jusqu'au premier étage. Une fois dans son bureau, le type au physique de lutteur entreprit de lui raconter sa vie, tout en fouillant dans des monceaux de paperasses jaunissantes.

Deux mois s'étaient écoulés. De plans cadastraux en actes notariés et d'état-civil en registre du commerce, il avait écumé les administrations du sud de Paris. Les concierges s'étaient également montrées de précieux auxiliaires dans la progression de son enquête. Un petit mot gentil lui ouvrait généralement la porte de la loge et celle du placard à biscuits. À chaque nouveau domicile visité, il repartait avec un nom et une adresse différente à explorer. On déménageait souvent dans cette histoire. De proche en proche, il avait fini par dénouer l'écheveau de la propriété. La rue de la Tombe-Issoire l'avait mené rue Froidevaux, où vivait à présent Jeanne Dumont, née Amaury, qui lui avait fait bon accueil. Celle-ci était la fille unique du propriétaire précédent. Lorsque son père avait vendu le garde-meuble, elle n'avait que 12 ans et ne pouvait se souvenir de quoi que ce fût, mais à la mort de ses parents, elle avait récupéré des caisses de souvenirs et de papiers qu'elle mit à sa disposition. C'est là, sur un napperon brodé au point de croix, tout en dégustant une part de brioche vendéenne, qu'il finit par trouver ce qu'il cherchait. Par chance, le père de Jeanne avait acheté le garde-meuble à Noisiel lui-même, André de son prénom, au lendemain de la Seconde Guerre mondiale. Il n'y avait pas d'autre intermédiaire. Il lui fallut cependant un mois supplémentaire pour réussir à localiser une très vieille dame qui avait gardé son nom de jeune fille et qui, selon toute vraisemblance, était la fille d'André et la dernière des Noisiel. Ne pouvant employer avec elle le même stratagème qu'avec les autres, il décida de jouer franc-jeu et lui déballa toute son histoire. D'abord sceptique, elle fit mine de se laisser attendrir, puis accepta finalement de le recevoir. Pour cela, il lui fallait traverser la frontière de l'arrondissement et se rendre au quinze de la rue de Cronstadt.

On a longtemps pensé que l'espèce humaine exprimait entre toutes une volonté de conquête, une soif de territoire, mais la réalité, bien au contraire, atteste d'une sédentarisation viscérale. Les enfants s'installent généralement à proximité de leurs parents et de proche en proche, il ne fallut pas moins de trois millions d'années pour que tous les continents se voient colonisés.

Durant trois mois, il avait tourné dans un quartier assez réduit, passant et repassant à proximité de sa destination finale. En soixante ans et trois générations, on n'avait pas franchi plus de deux kilomètres. C'était toute une aventure.

Lorsqu'elle lui ouvrit la porte, après avoir déverrouillé un nombre incalculable de serrures, il comprit immédiatement qu'elle lui avait donné rendez-vous dans le seul but de rompre sa solitude. Peut-être lui avait-elle menti quant à son identité. Elle se fichait pas mal de son histoire de garde-meuble. Ce qu'elle voulait, c'était offrir une tasse de café et une part de gâteau à son invité. Ensuite, viendraient les photos de famille et les inévitables cerises à l'eau-de-vie. Il connaissait le manège. Il était étrange de constater que ses différentes interlocutrices essayaient toujours de le retenir avec des sucreries. Le canapé lui-même était mou et profond. On avait un mal fou à s'en extirper. Il regarda par la fenêtre. Le ciel d'avril était bleu, seulement traversé par quelques stratus d'altitude. Il refusa poliment le morceau de sucre qui lui était proposé en prévision d'une après-midi qui s'annonçait riche en glucose et sirota son café.

— Mon père aussi le prenait noir, lui dit-elle d'une voix chevrotante.

— Quel genre d'homme était-il ?

— Prenez donc un morceau de quatre-quarts Monsieur Klein, je l'ai fait spécialement pour vous. J'ai mis des pommes dedans. Vous aimez les pommes, j'espère ?

Il avait l'impression de jouer à la dînette avec une petite fille octogénaire. Le salon était surchargé d'objets accumulés au cours d'une vie tout entière. Les meubles étaient couverts de bouillottes métalliques, de statuettes en céramique et de chandeliers. Les magazines s'accumulaient dangereusement jusqu'à former des piles instables au coin des consoles. Les chaises étaient bancales pour la plupart. La moquette semblait tissée de poil angora. De menus objets traînaient çà et là, oubliés dans des postures étranges. Le rangement semblait consister ici à déplacer les bibelots d'une pièce à l'autre, sans plus se souvenir de leur emplacement initial. Il avait la conviction que toutes les babioles décorant la pièce suivaient régulièrement une forme de transhumance. Les boîtes devaient passer de la chambre au salon, les vases du salon à la cuisine et ainsi de suite. La disposition inhabituelle et précaire trahissait un abandon soudain de la volonté. En cours de route, elle devait songer à tout autre chose et finir par poser ce qu'elle tenait à la main là où elle se trouvait. Un peu plus tard, elle recommençait sans doute l'opération et créait malgré elle des accumulations cocasses. Les rideaux épais étaient fanés par le temps et le soleil. Autrefois, le vieux rose avait dû être rouge opéra. L'appartement lui-même semblait être un garde-meuble où s'entassaient les souvenirs, les prospectus et les bouts d'étoffes. De l'ensemble se dégageait une forte odeur de pisse de chat. Pascal balaya la pièce du regard et finit par trouver le responsable. Entre les barreaux d'une chaise, deux yeux ronds et jaunes le fixaient sans bouger.

— Je ne reçois plus guère, vous savez, la ville n'est pas très sûre et puis les gens que je fréquentais sont tous morts. Aussi, excusez-moi si ma conversation n'est pas brillante.

— Pas du tout, au contraire, répondit-il entre deux gorgées de café, vous me parliez de votre père, je crois…

— Mon père ! Ah ça non, sûrement pas ! Je vais sur mes 86 ans, mais j'ai encore toute ma tête !

— Je n'en doute pas une seule seconde, mais je vous assure que…

— J'aimais un homme autrefois. Il s'appelait Jacques. C'était un homme plus âgé que moi. Il m'a promis tant de choses, une vie tout entière, vous comprenez ? Et puis tout s'est arrêté d'un seul coup. Je ne l'ai jamais revu. C'est la grande tragédie de ma vie. C'est pourtant stupide. Les gens oublient, vivent. Moi, je n'ai jamais pu faire ni l'un, ni l'autre. C'est une cicatrice qui ne cesse de se rouvrir, encore aujourd'hui. Vous avez pitié de moi, je le vois dans vos yeux. Une vieillarde obsédée par son amour de jeunesse, une vie de foutue et il a fallu que ça tombe sur moi, vous vous dites.

— Écoutez, je crois que je me suis trompé. J'ai commis une erreur, je vais devoir vous laisser maintenant. Merci pour le gâteau…

— Non, ne partez pas ! Restez ! Vous vouliez que je vous parle du garde-meuble, n'est-ce pas ? Eh bien, que croyez-vous que je sois en train de faire ?

Il se rassit tout doucement après avoir fait mine de se lever.

— Madame Noisiel…

— Appelez-moi Adélaïde, je vous en prie.

— Adélaïde, excusez-moi de vous interrompre, mais quel est le rapport entre ce Jacques et le sujet de ma visite ?

Jacques, Adélaïde, cette histoire de couple lui disait vaguement quelque chose. Il avait l'impression d'avoir déjà entendu ces noms dans un contexte différent, sans pouvoir se rappeler précisément où.

— J'étais si jeune à l'époque… et jolie avec ça ! 1937, 1938 quelque chose dans ce goût-là, bref avant guerre. Mon père tenait le garde-meuble de la porte d'Orléans. Chez Noisiel, ça s'appelait. Ma mère était morte quelques années plus tôt. Mon père avait toujours trempé dans des affaires plus ou moins louches. Il avait gagné de l'argent dans la ferraille et puis s'était installé à son compte. Le garde-meuble, c'était bien joli, mais on ne gagnait pas grand-chose à faire débarras, alors quand l'occasion d'arrondir les fins de mois se présentait… On voyait souvent des petits margoulins entreposer de la marchandise douteuse. Mon père, il n'était pas regardant, du moment qu'on lui donnait sa part. Et puis un jour, Jacques est venu. Il était si beau. Je crois que je suis immédiatement tombée amoureuse. Presque chaque semaine, il débarquait avec son camion et puis transvasait des caisses. Je voyais bien qu'il me regardait du coin de l'œil. Mon père aussi avait remarqué son petit manège. D'ailleurs, il n'était pas foncièrement contre. Moi, il fallait bien que je travaille aussi et un beau jour, Jacques m'a dit qu'il cherchait une nouvelle cuisinière pour son patron, un aristocrate un peu loufoque…

Pascal aurait dû bondir hors du canapé, réalisant soudain que cette Adélaïde Noisiel, dont il ignorait encore tout, n'était autre que la domestique du marquis de Sastres, la confidente des derniers jours qu'il avait si souvent imaginée. La coïncidence ne le troubla pourtant pas, tant les chemins qui menaient à *L'Amazone* semblaient maintenant pavés de rêves obscurs et d'obsessions.

— Je vous connais, sans rien savoir de vous, marmonna-t-il.

— Où en étais-je ? Ah oui ! Ce que je voyais surtout, c'est qu'il me faudrait aller vivre là-bas, vous comprenez ? Partir de chez papa, commencer une nouvelle vie. Et puis aussi, je serais près de lui, je pourrais le voir tous les jours. Ça, c'était vraiment le bonheur ! Alors j'ai accepté tout de suite. Pourtant, le 17ᵉ arrondissement, pour moi qui n'étais jamais sortie du quartier, c'était aussi exotique que Tombouctou ou Chandernagor. On ne pouvait pas encore se marier, moi j'étais très jeune, 17 ans pas plus, et lui, il fallait qu'il mette encore de l'argent de côté. Alors, c'était la solution idéale. On serait ensemble, le temps qu'il faudrait.

— Je comprends.

— Je me souviendrai toujours de la première fois où il m'a emmenée. Il est venu me chercher dans son camion. On a traversé tout Paris et puis, une fois sur place, j'ai vu le château. Toutes ces tourelles, ces fenêtres, c'était extraordinaire, un vrai conte de fées. On n'a plus jamais vu quelque chose de semblable à Paris depuis lors. Ils l'ont rasé dans les années 1970 pour faire un parking souterrain et une compagnie d'assurance. Le mausolée de Sastres qu'on l'appelait. On est entré dans la cour par une porte latérale qui était réservée au personnel. Ensuite, il a commencé à décharger les caisses. Celles-là-mêmes qu'il avait vidées un peu plus tôt chez mon père. J'ai tout de suite compris qu'il arnaquait son propre patron…

— Vous voulez dire que pendant toutes ces années, les caisses étaient vides, que la collection n'était que du vent ?

— Non, pas tout à fait. Mais ça, je ne l'ai su que par la suite. Disons qu'au début, il respectait les consignes. Il se rendait chez Drouot, ou ailleurs, et puis ramenait ses prises jusqu'au mausolée. Les années passant, il s'est toutefois rendu compte de l'avantage énorme qu'il pouvait tirer des lubies du marquis. Mettez-vous donc à sa place. Une confiance aveugle, jamais de vérification, une imagination débordante. Tout était réuni pour susciter le calcul d'un homme pourtant honnête, mais également pauvre et ambitieux. Au début, l'idée même du vol lui répugnait et puis avec le temps, elle fit son chemin. La tentation vous ronge toujours de l'intérieur. Il a commencé par remplacer une petite statuette médiévale par un sac de sable. La supercherie était pourtant grossière, mais aveuglé par sa passion, Sastres ne se rendit compte de rien. Très vite, il est passé de la statuette aux tableaux, des reliques aux statues de marbre, bref tout était bon. Le garde-meuble était suffisamment éloigné pour éviter les fuites. Il s'arrangeait ensuite pour trouver des acheteurs discrets, le plus souvent étrangers.

— Alors, quelle était la proportion de caisses truquées ?

— Difficile à dire. Peut-être la moitié. Tant que Sastres était encore valide et avait toute sa tête, Jacques avait quelques scrupules. Mais dès mon arrivée, le trafic est devenu systématique. C'était si facile. Moi, j'avais baigné dans ce monde de petites rapines, de fourgues. À l'époque, je trouvais tout ça normal, disons ordinaire.

— Et vous viviez au milieu des caisses, alors ?

— Eh oui, les caisses grandes et petites, elles étaient partout de toute façon. Impossible d'y échapper. Devant les fourneaux, dans les couloirs de l'office, sur le chemin de la buanderie. On vivait entre folie et supercherie. Jacques était le seul à savoir ce que contenaient vraiment les caisses. Il avait son propre inventaire qu'il tenait à jour.

— Dans toutes les pièces ?

— Toutes ! Et je ne vous parle pas de la serre.

— Mais si ! Parlez-m'en, au contraire.

— Que voulez-vous que je vous dise ? Une sorte de jungle envahie par les boîtes. Ça puait là-dedans ! C'était à peine tenable. Parfois, on entendait des hurlements sauvages, des cris à vous glacer le sang dans les veines. Ça me fichait une de ces frousses ! De toute manière, je n'y allais presque jamais. Sastres était le seul à s'y rendre de temps à autre. Il s'enfermait à l'intérieur pendant des heures. Je n'ai jamais bien su ce qu'il pouvait bricoler là-dedans. Presque à la veille de mourir, il m'a fait appeler à son chevet. Il ne se levait déjà plus, ne mangeait plus, ne voyait plus personne. C'était au début de la guerre. Je me suis agenouillée près de lui. J'avais de l'affection pour lui, vous savez ? Au début, bien sûr, je l'ai pris pour un fou, comme tout le monde. Il était drôlement spécial, même pour un aristocrate ! Et puis, au bout d'un moment, j'ai fini par le trouver attachant, presque comme un enfant qui se serait égaré dans ce monde. On avait envie de le materner, de le rassurer. Il était constamment anxieux, angoissé par tout et tout le monde. Quand il a commencé à dérailler, j'étais la seule à m'occuper encore de lui. Ce jour-là, il m'a parlé de la serre. Il m'a dit : « Adélaïde, fermez bien la porte du jardin, fermez-la à double tour et ne l'ouvrez plus jamais. » Ça m'a frappée qu'un homme à l'agonie se soucie de ce genre de détails. À l'époque, ça m'avait beaucoup intriguée.

— Qu'avez-vous fait ?

— J'ai fait ce qu'il m'avait dit. Je suis descendue et j'ai verrouillé la porte. Même que j'étais pas rassurée d'être là, vous pouvez me croire, parce qu'il avait eu l'air effrayé. Dieu seul sait ce qui pouvait bien se trouver là-dedans.

— Et quand il est mort ?

— C'est moi qui l'ai trouvé. Il était exactement comme je l'avais laissé la veille, allongé sur le lit. Son bras pendait. Vous me croirez si vous voulez, mais il souriait comme un bienheureux. C'était à la fois incompréhensible et vaguement rassurant. Depuis ce jour, je souhaite mourir comme lui. Maintenant que cette perspective approche, ce sourire me revient de plus en plus souvent en mémoire.

— Et Cherrier ?

— Oh, celui-là !

— Pourquoi ça n'a pas marché entre vous ?

— Il m'avait promis monts et merveilles. J'attends toujours ! Je croyais lui plaire, mais en réalité, il avait besoin de quelqu'un pour surveiller Sastres pendant ses absences. Je l'aimais pour de bon et il le savait. J'aurais été incapable de le trahir, la complice parfaite, en somme ! Tant qu'il a eu besoin de moi, il a su se faire pardonner. Il revenait toujours, les bras chargés de fleurs, une bonne excuse au coin des lèvres, mais quand le marquis est mort, il m'a montré son vrai visage. Voilà pourquoi je n'ai pas d'enfant…

— Que s'est-il passé ensuite ?

— Lorsque j'ai trouvé le corps, j'ai immédiatement prévenu Jacques, qui d'autre ? Je ne savais pas quoi faire. Les Allemands entraient dans Paris et lui semblait jubiler. Si j'ai bien compris votre histoire, c'est à peu près à ce moment-là que vos grands-parents sont venus chez mon père pour lui confier tous leurs biens ?

— C'est exact. Juin 1940, peu de temps avant l'armistice.

— Mal leur en a pris. Lorsqu'il est arrivé, il était muni d'un *Ausweiss*. C'était le premier que je voyais. Vous pensez ! L'occupation n'était même pas encore officielle. Autant dire que ses voyages étaient divers et variés. Il ne se contentait sûrement pas d'aller à Londres pour acheter des tableaux. Il m'a dit qu'il fallait cacher le corps durant quelques jours. Il voulait alors profiter de la confusion pour vider le palais avant que les administrateurs ne découvrent sa disparition. Tout d'abord, il a fait glisser la caisse qui se trouvait sous le lit et que je ne connaissais même pas, puis il a fermé la porte de la chambre derrière lui et m'a défendu d'y retourner. Évidemment, tout ça paraît absurde maintenant, pourtant j'ai obéi. Ensuite des hommes à lui sont arrivés. Il y en avait toute une brigade. Un véritable balai de camions a commencé dans la cour. Comme il connaissait les caisses à emporter, ça n'a pas traîné, vous pouvez me croire ! En deux jours, tout a été nettoyé. Lorsque la maison s'est retrouvée vide, à l'exception des caisses de sable, il m'a donné un numéro de téléphone et m'a dit d'appeler pour annoncer la mort de Sastres. Il m'a aussi dit qu'en cas de question, il fallait tout mettre sur le dos des Allemands. Personne n'oserait se plaindre, vous comprenez, tout le monde avait bien trop peur à ce moment-là, même les riches.

— Alors ?

— Alors, j'ai fait tout ce qu'il m'avait dit de faire, dans les moindres détails. Des gens sont venus avec un médecin pour constater le décès. Je me souviens que, dans les jours qui ont suivi, on en a peu parlé dans les journaux. L'actualité était ailleurs, bien évidemment. Ensuite, ils ont fait le tour du propriétaire. À l'exception de Jacques, personne ne connaissait exactement l'ampleur des collections. Ils m'ont posé quelques questions et je leur ai dit que les Allemands étaient venus et avaient tout réquisitionné, pour l'effort de guerre, ou je ne sais plus quoi, j'ai inventé quelque chose, il me semble.

— Et ensuite ?

— Ensuite, ils m'ont donné un peu d'argent en espèces, mes huit jours quoi, et m'ont dit que je ne pouvais pas rester là. Alors, j'ai fait mes bagages et je suis partie. J'ai pris le métro et suis rentrée chez papa où toutes les caisses étaient déjà entreposées, les nouvelles et d'autres plus anciennes. Le garde-meuble était plein comme un œuf. Je crois que c'est là, l'origine de la confusion. Voyez-vous, sans cette histoire de caisses, vous ne seriez pas ici aujourd'hui. Si Sastres était mort un peu plus tôt ou un peu plus tard, si Jacques s'était adressé à quelqu'un d'autre, si je n'avais pas été amoureuse, vos affaires seraient restées là toute la durée de la guerre bien tranquillement. C'est fou, le hasard, non ? Je crois que Jacques a expliqué à mon père qu'il était impossible désormais de faire la distinction entre les différents lots, qu'il toucherait une part substantielle du total. On n'avait qu'à tout refourguer en masse, sans plus de distinction. Il avait déjà repéré des objets l'intéressant dans ce qui était entreposé et l'occasion se prêtait à une véritable razzia. Papa n'était pas un mauvais bougre, mais il a vu là une opportunité à saisir. On ne savait pas de quoi demain serait fait. C'était peut-être la possibilité de partir en retraite sur la côte d'Azur, finis les petits coups minables. Après tout, Jacques était un homme de confiance à qui il avait promis sa fille. Les gens qui avaient fui avaient sans doute quelque chose à se reprocher. Il y avait peu de chance qu'ils reviennent un jour demander leur dû. Et même s'ils revenaient, il serait facile d'accuser les Allemands. C'est incroyable comme ils étaient pratiques ces Allemands, en fin de compte. Beaucoup de gens s'en arrangeaient assez bien, vous savez ? C'est à ce moment-là que tout s'est décidé. Jacques semblait avoir une filière pour tout évacuer en une seule fois, mais il fallait encore attendre un peu, que les choses se tassent. Après ce serait la belle vie, nous avait-il promis. Moi, j'étais heureuse et stupide, aussi heureuse et stupide qu'on peut l'être à cet âge-là. Mes rêves se réalisaient enfin. Jacques serait bientôt riche et m'épouserait. Nous partirions en voyage de noces à Nice par le Train bleu. Papa serait à l'abri du besoin et vivrait dans une grande et belle maison à la campagne. La guerre, je vous assure, je m'en fichais pas mal. J'ai honte de tout ça maintenant.

— Je crois que ça ne s'est pas passé exactement comme vous l'imaginiez.

— C'est rien de le dire. Dès septembre 1940, les Allemands ont commencé à organiser des convois d'œuvres d'art. Ça ne vous semble pas curieux ça ? Avant l'acier, le charbon, les produits agricoles, avant même les prisonniers ou les travailleurs forcés, la première chose qu'ils ont envoyée chez eux, c'étaient des tableaux et des statues. Jacques avait tout préparé. Le 17 septembre, à l'aube, il a fait venir les camions. On a tout chargé et en route pour la gare du Nord. Il est monté dans le dernier véhicule. Il nous a regardés mon père et moi. Un sourire éclatant illuminait son visage. Il nous a dit qu'il serait de retour quelques heures plus tard avec l'argent. Je ne l'ai plus jamais revu. On s'est retrouvés seuls dans cet immense garde-meuble entièrement vide. J'avais perdu l'homme que j'aimais et qui s'était moqué de moi. Mon père, lui, avait perdu tout son argent et sa réputation. Vous, vous avez perdu un tableau et des souvenirs. Dans cette histoire, tout le monde a perdu quelque chose.

— Pourquoi êtes-vous si sûre qu'il s'était moqué de vous ? Il a pu lui arriver malheur ?

— Si vous saviez ! Quand on a perdu l'homme qu'on aime, on se raccroche au moindre espoir, à la plus infime des possibilités. J'ai longtemps cru qu'il était lui-même prisonnier, puis qu'il était blessé et ne pouvait pas donner de ses nouvelles. Ensuite, j'ai fini par imaginer qu'il était mort. C'était une pensée vraiment affreuse, mais toujours moins violente que la perspective de la trahison. Quelque chose devait le tenir éloigné, un empêchement, la maladie. Peut-être était-il en colère contre moi, pour une raison que j'ignorais encore. Il finirait par revenir. Il suffisait d'attendre. Avec le temps, j'ai fini par réaliser, mais je n'ai pas cessé de l'aimer pour autant. C'était cette sorte d'amour inconditionnel qu'on ne trouve que dans les romans. J'ai mûri. Ça a été une lente rédemption. Voilà, maintenant vous savez tout, ou presque.

— Vous auriez pu rencontrer quelqu'un d'autre, refaire votre vie.

— Non jeune homme, lorsqu'une femme comme moi donne son cœur à quelqu'un, elle en accepte toutes les conséquences, même les plus tragiques…

— Qu'est-ce que vous avez fait, je veux dire qu'est-ce que vous êtes devenus, vous et votre père ?

— Oh, on s'en est sorti. Mon père était un débrouillard. Je crois qu'il s'en est toujours voulu atrocement. S'être fait avoir par un plus malhonnête que lui ne le tracassait pas tant que ça. Ça fait partie du métier, voyez-vous ? On joue, parfois on gagne, le plus souvent on perd. Il faut accepter les règles. Mais de m'avoir associée à ça et de m'avoir indirectement rendue si malheureuse, ça lui pesait plus que tout. Je pense que ça l'a lentement miné. Dès que la situation l'a permis, il a vendu le garde-meuble. C'était juste après la guerre. Il s'en est débarrassé pour ne pas avoir d'histoire avec les rapatriés, mais il est mort quelques mois plus tard. On a tous payé d'une manière ou d'une autre. Lui, ce fut la culpabilité et moi la solitude. Vous comprenez jeune homme, cette solitude qui fait qu'aujourd'hui, je doive raconter ma vie à un inconnu plutôt qu'à mes petits-enfants.

Elle se passa la main dans les cheveux et ce geste, de la femme âgée qui vérifie sa mise, machinal et discret, n'était plus celui de la coquetterie, mais celui de la résistance absolue au changement, au temps qui passe, aux déluges et à tout. C'était le geste, répété mille fois, devenu inutile, le membre qui démange encore bien qu'amputé depuis longtemps. Et ce simple geste, absurde, alors que la beauté était à présent inimaginable et gommée par les déceptions, produisit chez Pascal un sentiment de malaise et de fascination.

— Une faveur et je vous laisserai partir, lui demanda-t-elle.

— Oui ?

— Quand vous aurez trouvé ce que vous cherchez…

— *L'Amazone* ?

— Oh, je ne crois pas que ce tableau soit vraiment ce que vous vouliez, mais bon, admettons ! Lorsque vous aurez le sentiment d'avoir trouvé, revenez me voir et dites-moi comment c'est.

— Promis, lui répondit-il.

Il sortit de l'immeuble avec la certitude qu'il ne reviendrait jamais. La honte n'y changerait rien. Il avait encore du mal à l'admettre, mais certaines personnes demandent secrètement à être quittées. L'abandon est cette drogue dont elles ont besoin pour résister et se plaindre. Il y avait dans les yeux d'Adélaïde quelque chose qui réduisait le mensonge à néant, une chose terrifiante et insupportable qui poussait à fuir. Cette rencontre l'avait ébranlé. Il n'était pas sûr de vouloir revivre une telle expérience de sitôt.

Son enquête avait progressé sans pour autant aboutir à quoi que ce fût de concret. Il n'avait pas soupçonné l'ampleur de sa tâche lorsqu'il s'était senti investi, comme Ferdinand à son époque, d'une mission supérieure. Il lui avait fallu trois mois pour déterminer le parcours du tableau de juin à septembre 1940. Lui faudrait-il encore soixante-cinq ans pour remonter jusqu'à *L'Amazone* elle-même ?

Une année supplémentaire s'écoula avant que les différents éléments collectés au fil de ses recherches puissent être organisés en une succession cohérente d'événements. Durant cette période, il se rendit plusieurs fois au quai d'Orsay, ainsi qu'au Landesarchiv de Berlin. Là, dans le champ de stèles qui borde la Cora-Berliner-Straße, les cénotaphes se succèdent en variations sérielles. Les monolithes s'amoncellent et se déclinent en tailles plus ou moins grandes transformant la perspective de l'esplanade en va-et-vient océanique. Les vagues de pierre semblent onduler dans la pénombre de l'automne finissant, vibration minimale d'une courbe de niveau anthracite. Si l'agencement de Peter Eisenmann n'était qu'un son en lieu et place du mémorial de la Shoah, ce serait un grondement sourd, presque uniforme. Les tombeaux vides de toute présence humaine font alors office de caisses pleines. Les sarcophages pleins de ciment font pendant aux caisses violentées. Et c'est entre ces murs où alternent le vide et le plein, la présence et l'absence, dans cette reconstitution involontaire du mausolée de Sastres que

Pascal se perdit une après-midi d'octobre, à la recherche de la documentation régionale.

Il entretint une abondante correspondance avec le responsable du Centre historique des Archives nationales, ainsi qu'avec la Commission de Récupération artistique. Les obstacles administratifs étaient innombrables. Au ministère des Affaires étrangères, il avait rencontré un jeune fonctionnaire plein d'allant et passionné de peinture qui, l'ayant reconnu, avait bien voulu le guider dans le dédale des rayonnages. C'était un habitué des galeries d'art qui jalonnent le Marais, un spécialiste quasi professionnel des vernissages. Au sous-sol du bâtiment, des kilomètres d'étagères croulaient littéralement sous les liasses de papiers. Toutes les activités de l'occupant étaient là, minutieusement conservées, empilées dans des boîtes qui souvent débordaient. Patrick Vauzel lui avait alors expliqué que son travail au sein des archives lui permettait de préparer sereinement des concours plus ambitieux. Étudiant également à Langues O, il ne comptait pas moisir au milieu des paperasses allemandes. Son rêve était d'intégrer le personnel d'une ambassade, dans un pays exotique où il pourrait mettre en œuvre des partenariats culturels.

— Vous savez que je ne suis pas censé vous montrer tout ça, lui dit un jour Patrick alors qu'ils se rencontraient pour la troisième fois.

— Je sais et je vous en remercie. On prépare une grande exposition Wernowski en ce moment. Je n'oublierai pas de vous envoyer un carton, soyez-en certain.

— Merci, mais ma tâche consiste habituellement à consigner des requêtes, de simples requêtes. Ensuite une commission se réunit une fois par an pour statuer sur la légitimité des demandes. Si le dossier est accepté, un expert vient ici et réunit les documents que le ministère accepte de fournir. On fait des photocopies et puis on prévient le demandeur. Cette situation est très peu orthodoxe… Bon, maintenant j'adore Wernowski ! Je peux vous poser une question, ça va vous paraître stupide…

— Allez-y, j'ai déjà tout entendu.

— Pourquoi ne pas avoir suivi la voie officielle ?

— Pour ça, il faut un titre de propriété, quelque chose de concret, des papiers, une trace. Moi, je n'ai rien de tout ça. En plus je vous parle d'un tableau qui, officiellement, existe à peine. Je ne peux pas me permettre d'attendre des années pour finalement m'entendre dire non parce que ma situation n'a pas été prévue par le règlement.

Dès 1937, Cherrier se rend régulièrement en Allemagne où il obtient protection et financement en échange des œuvres qu'il détient déjà. À cette époque, Hitler nomme Alfred Rosenberg, théoricien du régime nazi, à la tête d'un service destiné à collecter des œuvres d'art à travers toute l'Europe. Cette nouvelle institution c'est l'ERR, pour Einsatzstab

Reichsleiters Rosenberg, en réalité une gigantesque machine à piller. Son objectif est de constituer un fonds pléthorique afin d'alimenter le futur musée du Reich censé se construire à Linz, en Autriche – le musée de la sélection absolue, à l'exact opposé du musée universel rêvé par Stéphane Obéron. Le docteur Hans Posse, ancien directeur du musée de Dresde, devient le directeur de cette collection virtuelle. Le bâtiment devait même être réalisé par Albert Speer.

Cherrier rencontre-t-il Rosenberg en personne ? En tout cas, il commence à travailler pour lui. Une chose est sûre, il connaît très bien un certain Otto Abetz, qui était déjà le factotum de Rosenberg et sera sous l'occupation le responsable de l'ERR sur le territoire français. La situation de Cherrier dans les milieux artistiques parisiens en fait un homme clé du dispositif allemand. Non seulement, il connaît Drouot comme sa poche et tous les marchands d'art de la place, mais il est également le conservateur en quelque sorte d'une collection hors du commun sur laquelle les nazis aimeraient faire main basse. Il achemine discrètement à Berlin les quelques pièces qu'il possède et prépare le rapatriement du reste en prévision de la guerre qui s'annonce. On lui délivre des sauf-conduits.

La mort de Sastres arrive à point nommé. Cherrier ne fait pas dans la demi-mesure et propose à Noisiel de lui acheter tout ce qui est entreposé dans le garde-meuble. On trouve là beaucoup de collections particulières, sculptures et tableaux laissés par des familles ayant fui devant l'avancée des troupes allemandes. Lorsque Abetz arrive à Paris au mois d'août, le gros du travail est déjà fait. Une partie des collections nationales est éparpillée dans la nature, mais les biens privés sont à disposition. On prépare ensuite un convoi avec l'aide logistique de la SNCF et le 17 septembre, à cinq heures trente du matin, le train 6963 quitte la gare du Nord pour le château de Neuschwanstein qui servait alors d'entrepôt. À bord, *L'Amazone* de Chagall et Jacques Cherrier lui-même qui, tout en étant fiancé à Adélaïde, décide de prendre la poudre d'escampette avec le magot.

En 1998, la CIA déclassifie un rapport rédigé dans les années 1950, au sujet du trafic d'œuvres d'art et des spoliations dues à la guerre. Au sein de l'OSS d'alors, un groupe spécial baptisé Art Looting Investigation Unit est chargé d'enquêter sur les réseaux de pillage en territoires occupés. C'est là que l'on trouve à nouveau le nom de Jacques Cherrier.

Une fois arrivé en gare de Füssen, il doit opérer le tri entre les œuvres susceptibles d'être exposées dans leur grand musée germanique et le reliquat dit « dégénéré ». La sélection se fait à même le quai. *L'Amazone* appartient bien sûr à la seconde catégorie. Alors que ce genre d'objets est régulièrement brûlé à Berlin lors de grands autodafés publics, il existe toutefois un marché noir pour ce type de toiles. En réalité, les membres de l'élite, s'estimant au-dessus de leurs propres lois, profitent des expropriations et des saisies pour enrichir leurs collections à moindres frais. D'une main, ils stigmatisent la culture « enjuivée », de l'autre, ils récupèrent toutes les œuvres jetées sur les routes par la guerre. Même dans l'abjection la plus totale, les bourreaux n'ont aucune constance. Bertold Brecht les décrivit sans se tromper comme les gangsters de Chicago, âpres au gain et sans véritables convictions. Hans Posse vient en personne réaliser le choix final. Son seul souci est alors de proposer à Hitler une collection qui montrerait à la face du monde le génie aryen. À Cherrier de se débrouiller avec le rebut. Fort heureusement, il connaît suffisamment de dignitaires pour écouler son stock. Il vend ainsi un lot de tableaux, dont certains futuristes russes, deux Modigliani et un Chagall à un général de la Wehrmacht, nommé Hermann von Kammer.

Mais tout d'abord, il fallut ouvrir les caisses. Les fameuses caisses de Sastres, certaines fermées depuis près de vingt ans, furent éventrées sans scrupule. Peut-être que Ferdinand avait eu raison après tout, et qu'en les ouvrant, les nazis déclenchèrent une forme de malédiction qui précipita leur chute.

Au printemps 1941, André Breton rencontre Orson Welles. La scène se déroule au Russian Tea

Room de New York, dans une atmosphère fiévreuse et enfumée. Les intellectuels et les artistes réfugiés tentent de convaincre leurs homologues d'entrer à leur tour dans la guerre. Welles bute alors sur la fin de son *Citizen Kane*, qu'il tourne à grands frais pour la RKO. Breton, emporté par les vapeurs de scotch et le soudain élan de la poésie automatique, se met à déclamer dans un anglais hérité du collège Chaptal. En songe, il retrace ses visites rue Cardinet, passe les portes en enfilade, déambule dans la serre, évoque le chaos des caisses essaimées qu'il décrit alors comme une succession de météorites ferreuses, tombées là, non par accident, mais suivant un dessein encore incompréhensible. Au milieu des roches noires, des cercueils plombés pour éviter la contamination, l'épidémie des classiques, Sastres trône, les yeux exorbités par la prescience, telle une Salammbô encore assoiffée de sang.

— Xanadu, susurre alors Welles, entre deux lampées de Manhattan *on the rocks*.

— Le tombeau du roi Mausol, lui répond Breton sans ciller.

C'est en 1980 que Lawrence Kasdan met la touche finale au scénario des *Aventuriers de l'arche perdue*. En ce jour d'été, le soleil est déjà haut sur Pasadena, brûlant la pelouse mal entretenue de sa maison standardisée. Le *toaster* est mort et la lettre K de sa machine Olivetti ET 221 donne déjà des signes de fatigue, mais les nazis d'opérette vont en prendre pour leur grade. Il ne lui reste plus que deux scènes à boucler. En ouvrant pour la première fois l'Arche contenant les tables de la loi, les suppôts du Reich vont provoquer la colère de l'ange de la mort. Ceux qui regarderont la vérité en face seront immédiatement détruits, tandis que les deux héros, gardant malgré tout les yeux fermés, en sortiront indemnes.

Fier de sa trouvaille, il relève la tête. Le poste de télé est resté allumé dans la pièce voisine et la musique, en bruit de fond, le dérange. Il traverse alors le bureau, agacé de devoir s'interrompre, et tombe sur un film en noir et blanc qu'il reconnaît au premier coup d'œil. Les objets amoncelés à l'intérieur du palais encombrent toutes les pièces, formant des monticules disparates et dans l'immense cheminée, comme dans un four crématoire, les souvenirs de Charles Foster Kane brûlent sans discontinuer. *Rosebud.* Kasdan retourne devant sa machine et, sans réfléchir, de manière presque instinctive, se met à écrire : « L'arche sera mis dans une caisse hermétique, elle-même placée au milieu d'innombrables caisses, toutes semblables, à perte de vue, pour les siècles des siècles. »

Le 22 juillet 1944, von Kammer participe au coup d'État manqué contre Hitler dans la Tanière du loup, *die Wolfschanze.* La tentative d'assassinat échoue, mais le général avait pris soin de mettre sa famille à l'abri. Sa femme était issue de la petite noblesse germanophone de Hongrie et c'est tout naturellement qu'on la retrouve avec ses deux enfants en 1945 à Budapest. Protégée par sa famille des arrestations qui frappent le pays juste après la guerre, elle échappe à l'épuration et s'installe donc dans les riches quartiers de Buda. Quelques années s'écoulent encore dans un calme relatif, jusqu'à ce que les communistes soutenus par l'Union soviétique finissent par prendre le pouvoir. En 1951, elle décide une nouvelle fois de partir, mais ses deux fils, devenus de fervents défenseurs du gouvernement stalinien, refusent de la suivre et menacent même de la dénoncer. Elle retourne dans ce qui est à présent la République fédérale allemande et trouve réconfort et soutien auprès d'un riche industriel rhénan qui l'épouse en secondes noces. Heinrich Kraut avait fait fortune dans les aliments déshydratés avant de s'installer dans la banlieue de Francfort.

Pascal était parvenu à reconstituer l'impossible, la trajectoire sinueuse et obscure d'une œuvre disparue, mais c'était pour mieux tomber dans un nouveau cul-de-sac. Il n'y avait nul tableau à la clé. Comme tant de généalogistes, il était confronté à un mur infranchissable. La piste se perdait. L'absence de documents l'empêchait finalement d'aboutir. On pouvait toujours croire au miracle, mais il était plus sage de se résigner, malgré tout.

Il prit Sylvie dans ses bras. Le couloir était sombre. Elle posa ses pieds nus sur ses chaussures et ils esquissèrent un pas de danse, tandis qu'elle lui enlaçait la taille. Il l'embrassa tendrement.

— Tu veux pas qu'on aille faire un tour ?

Elle le regarda avec des yeux ronds.

— Tu sais qu'il est… trois heures du matin.

— Oui, je sais. Je pensais juste qu'on pourrait peut-être aller à la galerie.

— À la galerie ? À cette heure-ci ? C'est le Chablis ? On sous-estime la toxicité de ce breuvage, fais-moi penser à écrire aux Hospices de Beaune.

— Je voulais dire, je pensais, enfin on pourrait… aller à la galerie… comme la première fois…

— … C'est vrai ?

— Oui !

Elle remit ses chaussures sans un mot puis ils se rendirent à la galerie qui se trouvait à proximité. Pascal souleva le rideau de fer. Le grincement métallique déchira la nuit trop calme. Ils pénétrèrent ensuite dans les locaux comme des voleurs et, sans même allumer la lumière, commencèrent à se déshabiller l'un l'autre. Par la verrière, la lueur des réverbères éclairait faiblement le rez-de-chaussée, au milieu duquel trônait la chaise Mallet-Stevens que Jérôme avait achetée chez Sotheby's. Lorsque Sylvie fut complètement nue, elle eut soudain un mouvement de recul.

— Quoi, qu'est-ce qu'il y a ?, lui demanda-t-il avec surprise.

Elle resta un moment silencieuse, les yeux baissés, tandis qu'il lui caressait la joue.

— ... Je voulais, enfin... il faut que... il faut que tu saches... j'ai arrêté de prendre la pilule...

Après un bref moment d'hésitation, il lui sourit sans qu'elle puisse véritablement s'en rendre compte dans l'obscurité. Il savait qu'elle se mordait la lèvre.

— ...Viens, lui répondit-il simplement.

Elle se laissa ensuite glisser sur sa chaise.

Les mois suivants passèrent dans une relative insouciance. La galerie marchait de mieux en mieux. Jérôme traversait les salles d'exposition en virevoltant. Il était généralement suivi dans son ballet aérien par une demi-douzaine de rentiers russes littéralement sous le charme. On comparait la vie parisienne à la *toussovka*, les mondanités moscovites. À l'impulsivité de sa clientèle, il répondait par une exubérance qui faisait à la fois son charme et son chiffre d'affaires. Pascal était revenu aux commandes, après s'être un peu éloigné des menus détails qui font la vie de l'entreprise. Sylvie, quant à elle, goûtait enfin à la plénitude. Elle attendait, passant de longues heures à s'ausculter, à se tâter les entrailles. Le matin, elle se levait et restait un long moment immobile au-dessus du lavabo. Elle espérait alors l'arrivée de la nausée salvatrice, comme d'autres guettent l'arrivée des oiseaux migrateurs. Au bout d'un moment, ne sentant finalement rien de particulier, aucune transformation, aucun malaise, elle acceptait l'absence avec résignation. Tout était à recommencer. Elle se mettait ensuite à espérer la venue du lendemain où les mêmes simagrées seraient répétées de manière imperturbable et ce, autant de fois que nécessaire. Curieusement, elle semblait s'épanouir dans cette nouvelle forme de névrose. Au moins, cette anxiété était la sienne, une angoisse exclusive. Tout allait donc pour le mieux jusqu'à ce qu'un soir, Tania reçût un coup de téléphone à l'intention de Pascal.

— C'est pour vous, lui dit-elle, je crois que ça vient de l'étranger.

— Monsieur Klein ? Vous vous souvenez de moi… Patrick Vauzel !

— Ah oui, Vauzel ! Bien sûr que je me souviens de vous. Ça fait un moment que je n'ai plus de vos nouvelles. Je ne crois pas vous avoir vu à la galerie pour le Wernowski. Vous aviez bien reçu mon carton ?

— Non, mais c'est un peu pour ça que je vous appelle…

Il y avait un décalage dans la conversation. Leurs phrases se chevauchaient légèrement avant de faire place au silence.

— Ah bon, répondit-il, tandis que le reste du discours couvrait soudain sa voix.

— Oui, en fait, j'ai eu le concours dont je vous avais parlé. Vous vous souvenez ? La nomination était immédiate, alors il a fallu que je parte presque du jour au lendemain.

— Mais d'où m'appelez-vous ?

— Je suis à Tokyo.

— À Tokyo ? Mais qu'est-ce que vous faites là-bas ?

— Eh bien, vous avez au bout du fil le nouveau conseiller culturel de l'ambassade de France…

— Mais, c'est formidable ça ! Félicitations ! Vous avez quitté les archives pour toujours alors. Comme c'est triste !

— Non, bien au contraire. Mais je ne regrette pas d'avoir travaillé là-bas. Ça m'a permis de préparer les examens et puis c'est aussi comme ça que je vous ai rencontré…

— Merci, c'est très gentil. Je ne regrette pas non plus. Quel dommage que vous ayez manqué Wernowski, ça vous aurait sûrement plu.

— Je n'en doute pas. Ça sera pour une autre fois, mais je vous appelle pour tout autre chose.

— Oui ?

— Vous cherchez toujours votre fameux tableau, parce que j'ai du nouveau pour vous…

Soudain, le cœur de Pascal se mit à battre la chamade. Tous les espoirs qu'il croyait avoir enfouis et vaincus ressurgirent d'un seul coup.

— Ah bon ?

— Ça fait maintenant deux mois que je suis ici, mais votre histoire ne m'a pas quitté. Je ne sais pas pourquoi, mais depuis que vous m'en avez parlé, je ne cesse d'y penser. Je n'avais aucune raison particulière de parler de ça ici. C'est au détour d'une conversation avec un de vos homologues de Ginza que j'ai appris cette nouvelle incroyable. J'ai immédiatement pensé à vous. Il semblerait que les yakuzas qui font la loi à Shinjuku aient massivement investi dans des toiles issues de la spoliation.

— Ah oui ?

— Surtout des Chagall, m'a-t-on dit. Au début des années 1990, le Japon est entré dans une zone de turbulence économique. Même la mafia locale a ressenti le choc. Les parrains ont alors pensé qu'il valait mieux investir leur argent sale dans des œuvres d'art.

— Je ne savais pas.

— Attendez, c'est pas fini. Ici, les gangsters ont tous pignon sur rue. Ce sont des hommes d'affaires respectés de la communauté et même de la police. Ils ont des bureaux dans les quartiers chics et des secrétaires. Ils reçoivent sur rendez-vous et étudient les requêtes, même les plus saugrenues. Bien sûr, le galeriste de Ginza n'a pas pu me parler des toiles concernées. Très peu de gens les ont vues, mais par contre, il m'a donné le nom et l'adresse des trois personnages susceptibles d'en avoir acheté à cette époque. Vous cherchez toujours *L'Amazone* ?

— Bien sûr, évidemment, plus que jamais !

— Formidable ! Alors, ce que je vous propose, c'est que vous écriviez une lettre racontant votre histoire, vous y joignez une copie de la photo que vous m'aviez montrée et vous me faxez le tout à l'ambassade…

— Attendez ! Vous croyez vraiment qu'un chef de gang va m'ouvrir ses portes pour me montrer sa collection de tableaux volés ?

— Écoutez, en seulement deux mois, j'ai vu des choses bien plus étranges. Les règles qui prévalent en Europe n'ont pas cours ici. L'honneur est quelque chose d'omniprésent. Parlez donc de votre fierté blessée, du décès de votre père. Vous ne soupçonnez pas l'écho que ça pourrait avoir. Par ailleurs, les gens d'ici ont une perception du passé en général et de la Seconde Guerre mondiale en particulier très différente de la nôtre. Je crois que ça vaut vraiment le coup d'essayer. J'appuierai votre demande, mais sans avoir l'air trop formel. Je ne veux effrayer personne avec mon papier à en-tête tricolore et tout ce que ça implique. Ça n'est en aucun cas une requête officielle. On est bien d'accord ? Il ne s'agit pas de récupérer un bien volé au siècle passé. Ce qu'il faut c'est intéresser un type influent avec une histoire familiale romanesque, trouver quelque chose qui puisse émouvoir un homme pétri de traditions et d'orgueil.

— Bon, eh bien d'accord, dans ce cas…

— Je m'occuperai de la traduction, je vous ai envoyé un e-mail avec toutes mes coordonnées. Je vous tiens au courant.

— Merci beaucoup Patrick…

— De rien Monsieur Klein, à bientôt.

Pascal raccrocha le téléphone au ralenti. Ses mains étaient moites. Il regarda par la verrière et fut surpris d'y trouver l'obscurité. C'était cette heure tant redoutée où le jour a déjà disparu tandis que l'éclairage public n'a pas encore pris le relais. Pendant quelques minutes, la ville était livrée à cette apocalypse infime. Quelle heure pouvait-il bien être à Tokyo ? Dans la galerie, tout le monde était déjà parti, à l'exception de Tania qui, décrochant son manteau, lui fit un signe de la main avant de s'éclipser à son tour. Il se retrouva seul. Tout était maintenant à refaire. Il faudrait s'investir à nouveau dans une passion morbide qui l'avait déjà tant secoué. Une seconde, il se demanda si ça valait vraiment la peine, puis il traça mentalement l'itinéraire suivi par la toile sur le planisphère de sa mémoire. Tracé unique, entrelacs subtil de l'idéogramme, et refus de l'avortement. De Montparnasse au Japon, en passant par la Hongrie et l'Allemagne, du nazisme au libéralisme triomphant, sans oublier la guerre froide, le tableau lui apparaissait maintenant comme un résumé saisissant du XXe siècle. Condensé d'histoire et de géographie. Devait-il écrire cette lettre et se mettre à y croire, encore une fois, ou bien, au contraire, laisser tomber et reprendre le cours normal de sa vie ? Le calme qu'il avait connu au cours des derniers mois l'incitait à oublier. Il aspirait alors à la tranquillité de l'esprit et se préparait à l'existence que sa femme tissait pour lui au-dessus du lavabo.

Il eut alors la certitude qu'il écrirait la lettre. Ne pas savoir était pire que tout. Il ne fallait rien dire à Sylvie. La probabilité d'un succès était si faible qu'il valait mieux garder cette histoire pour soi. Si la meule de foin contenait effectivement une aiguille, il serait toujours temps d'expliquer le rebondissement Vauzel. Par ailleurs, il ne voulait surtout pas la déconcentrer dans son effort. Lui aussi s'était offert une obsession, seul véritable luxe en ces temps de profusion matérielle. Il se rendait compte à quel point son comportement avait dû être pénible, pourtant elle ne lui avait jamais fait la moindre remontrance. Elle avait accepté, subi sans se plaindre, comprenant sa douleur. C'était maintenant son tour à elle. Ils avaient inversé les rôles et Pascal refusait de rompre cet accord tacite en tirant une nouvelle fois la couverture à lui.

Ensuite, avait commencé l'attente. Sylvie nidifiait dans la salle de bains, où, comme un petit animal amassant des réserves pour l'hiver, elle faisait provision de tests de grossesse. Les emballages vides s'accumulaient devant la porte close, en monticules colorés. Pascal, lui, attendait des nouvelles de

Vauzel. Tous deux patientaient en se rongeant les sangs.

Masaharu Hiraga était un gros bonnet de la prostitution et du jeu clandestin, l'*oyabun*, ou père d'un clan qui faisait la loi à l'est de Shinjuku. Cette famille du crime était issue des *bakutos*, des petits commerçants du XVIIe siècle qui s'étaient organisés en syndicat pour lutter contre les exactions des samouraïs. Cette forme de tradition avait perduré jusqu'à aujourd'hui. Hiraga avait fait fortune en ouvrant d'innombrables boutiques de *pachinko*, ces étranges machines à sous dont les salariés japonais semblent raffoler. Il s'agit de gagner un grand nombre de billes en acier toutes convertibles en cadeaux, ou en bons d'achat. Le jeu n'est pas interdit par les autorités, mais les gains sont limités à cet échange. La combine d'Hiraga avait donc consisté à remplacer les peluches et les robots ménagers par des espèces sonnantes et trébuchantes. Ces boutiques d'un autre genre possèdent généralement un guichet dissimulé où, comme dans les casinos occidentaux, on peut transformer ses gains en numéraire. La mafia locale fait également office de crédit populaire. On prête aux indigents, à des taux astronomiques. Les débiteurs, une fois lessivés, abandonnent souvent leur ancienne vie, leur travail, leur famille. Certains clans cherchent à récupérer leurs créances, d'autres, au contraire, monnayent leurs talents d'évaporateur. Il faut toujours une aide extérieure pour sublimer son départ. On retrouve alors les laissés-pour-compte et les dépossédés à la périphérie des grandes agglomérations. Pascal envisagea donc son interlocuteur comme un spécialiste des jeux d'argent. Il lui faudrait certainement payer pour voir la couleur.

Le principal conseiller d'Hiraga, ou *saïko-komon*, s'appelait Takumi Toriiwa. D'après Vauzel, il avait pour tâche de veiller à la coordination des membres de la « famille », notamment des nombreux avocats travaillant pour Hiraga. C'était un personnage aux nombreuses particularités. Tout d'abord, il n'était pas directement issu du milieu, ensuite il avait étudié à Paris et parlait donc couramment le français. C'était justement la relation que Vauzel avait employée pour parvenir à ses fins. Le jeune homme était décidément plein de ressources. Pascal décida de ne rien mentionner de toute cette histoire à Jérôme. On comptait sur sa discrétion et il était bien décidé à mettre toutes les chances de son côté. Échouer maintenant pour cause de bavardage serait trop bête. Il annonça donc à son associé qu'il allait prendre quelques jours de congés et se mit en quête d'un billet d'avion. Évoquant une fois encore les *johatsu*, il repensa aux jours étranges de sa jeunesse, à « L'Avortement », à la déconstruction de Sastres qui semblaient à présent annoncer *L'Amazone*, comme une série de présages. Il ne lui restait plus qu'à en parler à sa femme.

Pascal dormit pendant la majeure partie du vol, n'ouvrant les yeux que par intermittence. Un océan de nuages uniformes flottait en dessous de l'appareil, ne livrant rien des pays et des peuples, l'empire équestre des Mongols. Malgré lui, il songea de nouveau aux châteaux de cartes, à son père et aux dynasties de cavaliers. Il affectionnait la géographie depuis les bancs de l'école primaire. Sa présence se résumait maintenant à une traînée coupant le ciel en deux. Le dessin était éphémère, sillage évanescent qui s'imprimait pourtant dans sa mémoire, comme le produit d'une démarche picturale. Il lui fallait parcourir cette distance pour enfin renouer avec son propre passé. Comme cette pensée était étrange ! Au bout de la courbe, l'attendait un souvenir qu'il s'était approprié. À cette idée, il ressentait une excitation qui lui rappelait, entre tous, le moment où il avait pénétré dans l'atelier pour la première fois.

Avant d'atterrir, l'avion survola une fraction de la mégapole illuminée, hétérochrome. La ville palpitait comme un cœur qui se contracte et charrie des liquides visqueux. Les rues semblaient se ramifier en une multitude de vaisseaux drainant le flux de millions d'habitants. Les autoroutes formaient des entrelacs de lumière aveuglante, toute une orfèvrerie électrique repoussée sur un fond de laque noire. Le paysage nocturne tenait tout autant de la joaillerie que du circuit imprimé. Puis ils tombèrent littéralement des nuages, comme ces enfants trouvés sur le parvis des églises et qu'on disait autrefois, « donnés par le ciel ». *Ex cœlis oblatus.*

À la sortie du terminal, il inspira une bouffée d'air glacial où se mêlaient parfum de désodorisant et vapeurs d'essence. Les touristes qu'il avait repérés à Roissy et qui, depuis peu, avaient retrouvé leur caractère autochtone, faisaient la queue devant la file des taxis. Il se plaça derrière eux.

Il finit par monter dans une Mazda jaune, dont le chauffeur portait des gants immaculés et une casquette. Il observa les entrepôts frigorifiques et les hangars de fret défiler dans un mouvement continu et hypnotique. Les panneaux de signalisation et leurs idéogrammes incompréhensibles ponctuaient cette glissade vers l'ailleurs. L'air sec et froid succédait à la climatisation sans pour autant éveiller chez lui la moindre réaction. Il se sentait vaguement engourdi, désensibilisé par la fatigue et le bruit. Il lui restait juste assez de lucidité pour prendre conscience de son état. C'était l'absence totale d'inquiétude qui le surprenait le plus, comme une anesthésie de l'âme.

Une fois dans sa chambre d'hôtel, il eut la présence d'esprit d'accrocher le panonceau sur la poignée de la porte. Il n'était pas question qu'on le dérange. Il regarda sa montre. Il était cinq heures du matin. À travers le rideau, il perçut un clignotement au loin, sans doute un gyrophare. Il bâilla, déboutonna son pantalon et s'allongea sur le lit. Plus tard, il ouvrirait sûrement les rideaux. Cette perspective lui parut alors excessivement lointaine, digne d'un roman d'anticipation. Rien n'avait plus vraiment d'importance. Sa main heurta l'interrupteur et la pénombre le recouvrit comme un édredon. Il eut le temps de penser au décalage horaire, à la planète qui tournait sous son corps allongé. Il faut que je reste éveillé, se dit-il avec un complet détachement. Il faut que je reprenne un rythme normal, que tous les fragments de jour et de nuit s'emboîtent enfin pour former une suite cohérente. Puis il sombra profondément, écoutant les intermittences de son cœur, sans qu'aucun rêve ne vienne ralentir sa chute.

Il était environ seize heures lorsqu'il se réveilla. La chambre baignait dans une grisaille crépusculaire. Il se leva tant bien que mal, puis écartant le pan du rideau qui lui masquait la vue, regarda par la fenêtre. Il se rappelait son arrivée et les considérations étranges qui lui avaient traversé l'esprit. En accomplissant ce geste, il eut par conséquent la sensation d'entrer dans l'avenir. Au vingtième étage, il bénéficiait encore d'une certaine luminosité, tandis que les rues en contrebas de la tour étaient déjà plongées dans l'obscurité. Les voitures et les passants s'agitaient comme des jouets dérisoires. Sur le toit d'un immeuble voisin, il observa des hommes en costume s'entraîner au golf. Ceux-ci frappaient leur balle dans des cages individuelles tapissées de gazon synthétique. Sous la lumière des projecteurs, le *turf* apparaissait comme la seule note de couleur vive dans un décor atone. Avait-il vraiment fait jour à un moment donné ? Il en doutait à présent. Sa veste traînait sur le sol. Il se vit à nouveau gisant parmi les débris de l'atelier, Ferdinand sur le carrelage de sa chambre. Il fouilla dans ses poches à la recherche de son téléphone portable, puis appela sa femme pour la rassurer. Boîte vocale. Ces histoires de décalage horaire étaient décidément bien compliquées. Au moment même où il raccrochait, une sonnerie inhabituelle retentit dans la chambre. Il ouvrit alors la main et regarda bêtement le combiné qui gisait là, inerte. Il le secoua un peu, sans aucun résultat. Le son strident retentit à nouveau. Il posa le téléphone sur le lit et jeta un coup d'œil alentour. Il y avait un poste fixe sur la table de nuit. Il décrocha.

Toriiwa avait une voix douce et s'exprimait dans un français presque sans accent. Il lui fixa immédiatement rendez-vous en fin de semaine. Hiraga était désolé, mais ses affaires le retenant, il ne pouvait lui accorder une entrevue plus tôt. Pascal avait deux jours complets devant lui. Il allait falloir s'occuper. Ce n'est qu'au moment de raccrocher qu'un malaise diffus l'envahit. Comment avait-on fait pour le trouver ? Il avait effectué sa réservation au dernier moment et n'avait communiqué ni le nom de son hôtel, ni sa date d'arrivée. Il regarda de nouveau en direction de la fenêtre. Le semblant de jour disparaissait à toute allure. Bientôt, ce serait à nouveau la nuit. Il composa ensuite le numéro de Vauzel à l'ambassade et lui raconta ce qui venait de se passer. Le conseiller culturel fut rassurant. Ils décidèrent de se rencontrer le lendemain. Puisqu'il avait maintenant du temps libre, Pascal ne voyait plus aucun inconvénient à flâner dans la ville avec un expatrié. Il irait chercher Vauzel à son travail afin qu'ils déjeunent ensemble. Par chance, l'ambassade de France se situait comme toutes les autres à Minato-Ku, c'est-à-dire non loin de son hôtel. Il voulait bien traverser la ville, mais sentait qu'un temps d'acclimatation lui serait indispensable. L'étrangeté de la situation le frappait à présent pour la première fois. Il avait besoin de conseils. Ce serait justement l'occasion de quelques éclaircissements au sujet de son affaire. Il songea brusquement aux papiers qu'il avait dû remplir dans l'avion, juste avant son arrivée. *Business or pleasure* ? Il avait beau l'envisager sous tous les angles, il lui était difficile de qualifier au plus juste la nature de sa venue au Japon. « Tourisme existentiel » était sans aucun doute ce qui se rapprochait le plus de la réalité. Il y avait des plans de la ville près de la lampe de chevet et il entreprit alors de localiser l'endroit dont lui avait parlé Toriiwa. Un « lieu typiquement japonais » situé dans le quartier d'Akihabara, avait-il suggéré, comme si Pascal était là pour découvrir les charmes de la cérémonie du thé. L'avenue Chuo était immanquable, mais il lui faudrait prendre le métro pour s'y rendre. Il avait donc deux jours pour apprendre à se débrouiller seul dans cette ville impénétrable. Son ventre se mit à gargouiller et il réalisa qu'il n'avait rien mangé depuis la veille au soir. Il prit alors une douche, s'habilla et se rendit au restaurant de l'hôtel qui se situait au trentième et dernier étage de la tour.

Toute la nuit, il parcourut de manière frénétique les innombrables chaînes de télévision. Il regarda des parents jeter leur progéniture dans la boue, des éruptions volcaniques et des tsunamis le long de la ceinture de feu du Pacifique. Une chanson de Simon & Garfunkel, qu'il croyait avoir oubliée, lui traversa soudain l'esprit. *I can gather all the news I need on the weather report... half of the time we're gone but we don't know where.* Évidemment, il n'avait pas sommeil et songeait à *L'Amazone*. Une chose était sûre, il n'était plus seul à vouloir cette rencontre. Le tableau le réclamait, aussi bien que Masaharu Hiraga lui-même. Depuis qu'il avait pris connaissance de son existence, il se sentait lié à cet homme, comme il s'était senti lié à von Kammer et à Kraut. Tous ensemble, ils formaient maintenant une généalogie. Que se passerait-il lorsqu'il verrait la toile, lorsqu'il la toucherait pour la première fois ? Serait-il lui aussi subjugué par son pouvoir, ou seulement fasciné par son improbable voyage ? Quelle question poserait-il ? Voudrait-il connaître le nom du cheval ? Et Ferdinand, qu'aurait-il pensé de tout cela ? Soudain, il eut le sentiment d'être à son tour une anomalie. Après tout, son périple valait bien la démence d'un Sirineli, l'incompréhension d'un Matsuhiro. Insensiblement, il était passé de l'autre côté. Il s'imagina un instant, au milieu du classeur, miniature parmi les miniatures, entre le palais de Sastres et Dieu sait quelle autre étrangeté. Il n'y avait pourtant pas de quoi rire. C'était la possibilité d'une vie future qui était maintenant en jeu. Il sentait en permanence la main de son père dans la sienne, cette main rugueuse et inerte qu'il avait saisie trop tard. Il savait qu'il lui faudrait choisir de rompre avec cette présence, d'en finir avec un passé qui justement n'en finissait plus, mais était-il seulement prêt à lâcher la rampe ?

Évidemment, les vêtements qu'il avait emportés ne suffisaient pas à contenir le froid venu du Nord. On avait beau être au bord de la mer, un vent glacial, descendant le long des côtes depuis Hokkaido, soufflait entre les gratte-ciel. Où était-il d'ailleurs, cet océan ? Sur la carte, la ville semblait pourtant baignée par les flots. En réalité, la capitale, à force de croissance, était devenue le seul océan disponible, une étendue gigantesque de bitume et de verre où refluaient comme la marée ses dix-huit millions d'habitants. Au bout des avenues interminables, on ne voyait jamais l'horizon. Les mouettes elles-mêmes avaient fui sous l'assaut de corbeaux trop grands. Il entra dans un grand magasin et s'acheta une paire de gants et une écharpe. La foule semblait se mouvoir en rythme. Il fallait s'accorder à la vitesse des autres passants, traverser en groupe, s'arrêter au bon moment. Marcher dans la rue lui demandait par conséquent un effort inhabituel. Il passait son temps à observer les piétons, pour ne commettre aucun impair. Il chemina ainsi un bon moment avant de pénétrer dans le quartier de Minato-Ku. Habitué qu'il était aux distances parisiennes, il avait sous-estimé la durée de son trajet. Le petit bout de chemin qu'il avait étudié sur le plan s'avérait être en réalité une balade de plusieurs kilomètres. Au-dessus des immeubles de bureaux se dressait un ersatz de tour Eiffel couleur minium. La tour de Tokyo s'enorgueillissait d'être légèrement plus haute que son modèle. En contrepartie, elle semblait plus fluette, arc-boutée sur des guiboles maigrichonnes. Il était difficile de trancher entre l'hommage un peu naïf et la mauvaise copie. Il fallait pourtant se souvenir d'une époque où la modernité paraissait européenne. Tokyo, cherchant à se relever de ses ruines, s'était alors tourné vers Paris. Le plus surprenant n'était pas en définitive de trouver cet objet si loin de chez lui, mais de voir qu'on avait également construit sous ses arches. Il n'était pas question de gaspiller la moindre parcelle de terrain disponible. Aussi, la totalité du vide avait été comblé par un ensemble de bâtiments disparates qui semblaient accroupis entre les jambes du géant. La tour paraissait donc en équilibre, marchant sur la pointe des pieds entre les immeubles plus petits qu'elle manquait d'écraser.

Il trouva facilement l'ambassade. Juste à côté se trouvait un symbole de la culture française, un supermarché arborant le fanion tricolore. Les employés du quai d'Orsay pouvaient donc étancher leur soif de Beaujolais nouveau, noyer leur vague à l'âme sous des kilos de saint-nectaire. En cas d'urgence, on pouvait même aller jusqu'à s'offrir un calisson. L'important était avant tout de prévenir la crise. Une fois réconfortée par ces douceurs patriotiques, la diplomatie pouvait alors exercer toutes ses prérogatives et transmettre ses vœux annuels de longévité à l'empereur.

Il se fit annoncer à l'accueil et Vauzel ne tarda pas à le rejoindre dans le hall. Ils sortirent ensuite à la recherche d'un restaurant.

— J'espère que vous aimez les nouilles.

— Je mangerais n'importe quoi.

Ils s'assirent sur de grands tabourets, face à un comptoir derrière lequel officiait un cuisinier en kimono. Par la baie vitrée, ils pouvaient distinguer l'ensemble du quartier et la tour orange qui se perdait maintenant dans une nappe de brouillard.

— Parlez-moi de votre affaire et de ce coup de téléphone.

— Vous fréquentez quand même de drôles de types, non ?

— Les gens qui ont du pouvoir sont tous fréquentables Monsieur Klein, c'est la première règle de la diplomatie. Où vous a-t-il donné rendez-vous ?

— Attendez, je l'ai noté quelque part, Akihabara, je crois…

— Akiba ? Tiens donc !

— Ah, voilà, le *Kosupure*.

— Jamais entendu parler. Mais ça n'a pas d'importance. Hiraga a plusieurs résidences, à Tokyo même et dans les environs. Je ne sais pas où il garde la toile, mais votre *Kosupure* n'est qu'un lieu de rendez-vous. Ensuite, vous irez ailleurs. Il vous a dit quel genre d'endroit c'était ?

— Un salon de thé, je crois.

— Bon, n'ayez aucune espèce d'inquiétude. Toriiwa m'apprécie et me fait relativement confiance. Il sait que je devrais lui renvoyer l'ascenseur un jour ou l'autre, c'est la règle ! Ne posez pas de question. Je vous ai présenté comme un homme d'honneur, ça compte.

— Est-ce que je peux vous poser une question ?

— Oui, bien sûr.

Le cuisinier posa sur le comptoir les *ramens*, ces bols de nouilles que Vauzel avait commandés.

— Pourquoi est-ce que vous faites tout ça pour moi ? Dans votre période rat de bibliothèque, j'ai bien essayé de vous acheter avec des promesses évasives et des cartons d'invitation, mais maintenant c'est vous le personnage important et vous ne me devez rien.

— Je ne sais pas. J'ai toujours voulu tirer les ficelles. Comme il va s'écouler encore un certain temps avant que je ne devienne ambassadeur, je profite de ma toute petite influence. Et puis qui sait ? Un jour ou l'autre, vous pourriez être amené à me rendre service à votre tour.

— Vous étiez fait pour la Carrière, dites-moi !

— Il y a autre chose aussi. Votre histoire de tableau me touche. C'est peut-être ridicule, je sais, mais qu'on soit prêt à tout, seulement pour voir une toile, je trouve ça très réconfortant. À une époque où tout se vend, où le passé n'intéresse plus, surtout ici, votre persévérance mérite d'être récompensée.

— Vous savez, moi, le passé m'intéresse trop. C'est aussi un problème.

— Lorsque vous l'aurez vue, appelez-moi pour me dire comment c'était.

— Curieusement, vous n'êtes pas le premier à me demander ça, comme si tous les gens que je rencontre cherchaient finalement quelque chose et comptaient sur moi pour le trouver à leur place.

— C'est peut-être ça, en effet ! Je pense qu'aller au bout de ce genre de démarche, ça a forcément un prix. Il faut accepter de payer. Ça décourage beaucoup de gens. Peut-être que la finalité du passé est de rester enfoui. Qui sommes-nous pour enfreindre ce genre de règles ? Alors, quand on tombe sur un type comme vous, prêt à prendre des risques… Vous ne vous êtes jamais demandé ce que le tableau pouvait bien penser de tout ça ?

— Tout le temps.

— Voilà que je deviens comme vous, je finis par prêter une conscience aux objets inanimés. En fin de compte, vous êtes beaucoup plus japonais que moi. Est-ce que vous pensez que *L'Amazone* espère vraiment que vous la retrouviez ?

— J'en suis sûr !

— Et Hiraga dans tout ça ?

— Il m'attend.

— Ça va jusque-là ?

— Oui.

— Vous vouliez savoir pourquoi je vous ai donné un coup de pouce.

— Bien sûr.

— Vos certitudes m'impressionnent.

— Je suis un peu comme une expérience pour vous ?

— Un peu. Disons que je suis relativement indécis de nature. De mon point de vue, observer quelqu'un aux convictions inébranlables est encore plus dépaysant que de vivre ici.

— Je n'y suis pour rien. Je me sens comme un prêtre. Non, un missionnaire plutôt ! Vous êtes une peuplade païenne à vous tout seul, mais je saurai bien vous convertir.

— C'est inutile. Je suis à la fois sceptique et croyant. Regardez les choses de l'extérieur, deux types perdus, loin de chez eux. L'un cherche un tableau qu'il n'a jamais vu et l'autre… que cherche-t-il au juste ? Une conviction ? Vous voyez, je croyais qu'en m'intéressant à la culture, j'échapperais à la réalité, que la peinture me protégerait du trivial. Pourquoi ne pas croire au merveilleux, après tout ? Si seulement le monde avait quelque chose d'autre à offrir, ce serait pour moi un grand soulagement. Je veux croire moi aussi que les œuvres ont le pouvoir de lier les êtres, d'influencer leurs rêves et de façonner leur vie. J'en ai terriblement besoin.

La tour finit par percer le nuage qui l'enrobait comme une gaze. Pascal était silencieux. Les corbeaux semblaient tétanisés par la brume. Par nuées entières, ils se posaient sur les montants métalliques, formant des grappes de taches noires sur la peinture vive. Il songeait une nouvelle fois à Ferdinand, à ses caisses protectrices, aux couloirs encombrés du palais. Peut-être que lui aussi avait sans le savoir rendez-vous avec un rayon de soleil. L'interstice était forcément quelque part, le phénomène rare et furtif. Comment ne pas louper le coche ? Le cuisinier rangeait déjà la vaisselle, essuyant les verres avec dextérité. Derrière son comptoir, il était à lui seul l'équivalent d'une brigade tout entière.

— Il vous reste la journée de demain pour vous promener, c'est ça ?

— Oui.

— Vous devriez peut-être aller du côté de Ueno. C'est très beau par là-bas. Ça donne une autre image de Tokyo, loin des gratte-ciel et des grands magasins. Vous n'avez rien contre les corbeaux ?

— Non, au contraire.

Le lendemain, il se rendit donc au temple Kaneiji. Il passa un long moment à écouter les oiseaux noirs saturer l'espace de leurs croassements rauques. Il observa les promeneurs se déplacer avec une lenteur inhabituelle. Les oiseaux et les branches tortueuses dansaient dans les airs comme des flammèches obscures. Au contraire, la pagode colorée se dressait immobile. Les nuages pâles s'étiraient en filaments que le vent s'amusait à déchirer.

Le soir, il dîna seul dans une gargote située près de son hôtel. Il avala un bol de riz gluant et des *giozas*. Il avait commandé en montrant du doigt les mets en plastique exposés dans la vitrine. Ces étalages artificiels s'avéraient d'un grand secours. Les habitués l'avaient dévisagé un instant avant de reprendre le cours de leur repas. Le silence régnait dans la salle à manger comme dans une église en ruine. Il lui fallut quelques minutes pour s'y sentir à l'aise, un quidam de plus engloutissant un repas simple et roboratif. Il fallait tenir ses baguettes le plus haut possible, lui avait expliqué Vauzel, autrement, on passait volontiers pour un rustre. Il s'efforça par conséquent de respecter les règles de bienséance. Le silence permettait également de s'intéresser à des préoccupations d'ordre diététique. Tout à coup, le contenu de son bol prit une importance cruciale. Il avait l'impression d'être un sportif de haut niveau, terminant sa préparation avant l'ultime effort. Il savait qu'une nouvelle nuit d'insomnie et de télévision l'attendait. Il verrait de nouveaux jeux absurdes, de nouvelles catastrophes, de nouveaux paysages. Il n'était pas pressé de rentrer se coucher. Son désir de nouveauté serait mis à l'épreuve par des publicités charmantes et incompréhensibles. Avant son départ, il avait craint de se sentir exclu. Finalement, son incapacité à saisir la langue aussi bien que les mœurs était d'un grand repos. Il échappait enfin à l'omniprésence du discours, au brouhaha des médias. Rien ne le touchait plus vraiment.

Il passa la matinée du samedi à traîner dans des centres commerciaux. Les adolescents en uniforme sombre et chemise blanche s'y délassaient devant des jeux vidéo. Ils restaient là des heures entières, plongés dans un mutisme étrange, agitant les doigts sur des écrans tactiles sans prononcer un mot.

Il n'avait rendez-vous qu'à dix-sept heures. Toutefois, il ne voulait pas reproduire son erreur d'appréciation. Soucieux de ne pas être en retard et désireux de jauger le terrain avant l'arrivée de Toriiwa, il quitta la salle de jeux relativement tôt. Il était habitué aux déjeuners d'affaires et savait à quel point une heure d'avance pouvait offrir un avantage stratégique. Occupant la position du *challenger*, il aurait ainsi tout le temps nécessaire pour évacuer la surprise et feindre l'assurance. Les immeubles étaient couverts par des centaines d'affiches et d'écrans publicitaires. Les aplats de couleurs clignotaient en tous sens, aveuglant les passants isolés comme des lapins surpris par la lumière des phares. Comment les gens faisaient-ils pour s'y retrouver dans cette débauche de signes ? Il fallait une sacrée discipline pour supporter l'agression. Seul le groupe semblait offrir sa protection contre la surenchère visuelle, sardines par milliers, fermant les rangs contre les requins. S'il avait pu lire quoi que ce fût, il se serait aussitôt senti submergé par un flot d'informations concurrentes et contradictoires. Son ignorance le préservait finalement du danger. Il se laissa mener ainsi par la foule qui l'englobait comme une matrice rassurante. Le flot l'accompagnait dans sa dérive, refuge mouvant de cette marée humaine qui, par vagues successives, traversait maintenant l'avenue. Il s'engouffra ensuite dans le métro et se mit en quête de la ligne Yamanote.

Ferdinand ouvrit les yeux. Il flottait maintenant, libre, au-dessus du mausolée, la lune presque dans une main, les cheveux pleins de constellations. Les toits alentours formaient une mosaïque nocturne et les réverbères, un chapelet d'îles orangées. Il n'avait rien pu emmener. Le rêve était mort. La Vénus irait troubler quelqu'un d'autre, une âme faible et torturée, le vétéran d'une nouvelle guerre. Il songea aux caisses de manière détachée. Il avait soustrait au regard les portraits et les calvaires, mais l'accumulation et l'agencement avaient pris le pas sur sa mission rédemptrice. Il n'avait pas eu de descendance. Avait-il échoué pour autant ?

Le temps de sa réflexion n'était plus celui des hommes. Les nuits et les jours se succédaient alors dans un battement de cils et les bombardements cessèrent aussitôt après avoir commencé, brûlants éphémères dans le ciel bistre de la capitale. Il descendit au niveau de la rue lorsque les bulldozers s'attaquèrent à la façade. La structure de la serre avait rouillé et les verrières étaient devenues opaques. Le monde changeait à toute allure, ce monde qu'il avait annoncé sans le savoir. Sans domicile à présent, rien ne le retenait plus dans cette plaine Monceau devenue ennuyeuse et bourgeoise, où les immeubles de rapport avaient proliféré.

Il marchait le long des rues, dans cette ville en mouvement rapide, sans rien comprendre, sans émotion particulière. La foule des passants, toujours plus dense, le traversait sans peine. Il s'était longtemps retranché du monde et voilà que Paris et ses turbulences étaient devenus son purgatoire.

Un jour, une minute, il était entré dans cet espace qui, en tout point, lui rappelait les couloirs de l'Hôtel-Dieu, la blancheur hospitalière, l'odeur d'alcool et les soins. Sur les murs étaient accrochés des bouts de papier jaune, des images quelconques, des rebuts. Un instant suffit pour que les confettis disparaissent. Les images furent remplacées par d'autres similaires, puis par d'autres encore. Il réalisa qu'il s'agissait d'une nouvelle forme d'art et se réjouit à l'idée que ses préceptes aient enfin porté leur fruit. Les caisses n'étaient même plus nécessaires, rendues obsolètes par la nature même de l'œuvre. Pourquoi cacher quoi que ce soit ? On avait rendu l'icône triviale et inoffensive. On avait conjuré le mal et ses incarnations par un affadissement salutaire. Tout était pour le mieux. Le mausolée n'avait plus lieu d'être et le rôle de gardien était devenu superflu. Les parkings assuraient maintenant la paix des peuples, la cohésion des nations. Les Vierges à l'Enfant pouvaient bien aller se rhabiller.

Au milieu de la pièce immense, seul objet constant et immobile, gisait une chaise métallique et manifestement inconfortable. Il l'observa un bon moment. Plusieurs de leurs mois s'écoulèrent ainsi, puis, sans savoir pourquoi, il décida d'y élire domicile. Il s'assit alors sur les tubulures d'acier, comme Sardanapale lui-même, ivre et repu, sur le trône de Ninive, bien décidé à regarder passer le monde.

Le quartier tout entier bourdonnait comme les transformateurs électriques qui avaient fait sa gloire. Pascal regarda par la vitrine et vit soudain passer un groupe d'hommes à demi-nus. Ils ne portaient pour tout vêtement qu'un genre de pagne en tissu et un bandeau tressé sur la tête. Certains d'entre eux brandissaient également des pancartes. Il les regarda défiler dans la neige, lente procession de martyrs inconnus aux pieds sans doute brûlés par le froid. Il crut apercevoir, au loin, la lumière dansante d'une flamme. Que se passait-il au juste ? La serveuse qui lui avait tenu compagnie repassa près de sa table et lui sourit, l'air vaguement embarrassé. Il était là depuis un moment déjà et le personnel devait se demander ce qu'il attendait. Une imposante voiture noire se gara devant la vitrine en dépit de l'interdiction de stationner et sa gorge se serra. Il empestait véritablement le pamplemousse. Le chauffeur sortit de la voiture et ouvrit la porte arrière, d'où un homme en costume sombre émergea.

Il nota immédiatement le changement d'attitude parmi les employés et les habitués de l'établissement. Les hôtesses déguisées se raidirent. Les clients virent leur phantasme étrange se briser en un instant. L'illusion était si fragile. La réalité faisait irruption dans leur monde de faux-semblants tarifés. Prétendre devenait alors inutile. L'homme entra dans le bar et se dirigea droit sur Pascal. Il avait une trentaine d'années, et portait un costume sombre. De toute évidence, sa nonchalance allait en faire un adversaire redoutable. Pascal sut immédiatement que son calcul avait été inutile. Il était depuis le début en territoire conquis. Croire le contraire avait été naïf et illusoire. Son repérage n'avait servi qu'à modifier son odeur corporelle ce qui, vu les circonstances, n'était pas totalement inutile. Si Toriiwa était bien un prédateur, il ne pourrait sentir son anxiété. Il s'approcha de Pascal avec assurance, tandis que les témoins de la scène baissaient tous les yeux comme si de rien n'était. Pascal le regarda venir à lui. Au lieu de s'incliner légèrement en guise de salutation, comme tout le monde le faisait ici, l'homme élégant lui tendit la main à l'occidentale tout en se présentant.

Dans le bar, tout le monde les observait du coin de l'œil. Il eut le temps de remarquer, sur le visage de son hôtesse, une lueur de surprise et d'incompréhension. Il était extrêmement rare de pouvoir ainsi glaner l'expression d'une émotion véritable. Les sentiments devaient être dissimulés. Elle crut sans doute qu'il s'était moqué d'elle tout au long de la soirée.

— Pardonnez mon retard. J'espère que je ne vous ai pas trop fait attendre.

— Non, pas du tout, je viens d'arriver, mentit Pascal sans scrupule.

— Bien, Hiraga *san* nous attend. Il est dans sa maison de campagne. Nous devrions partir tout de suite, si vous voulez bien.

— À Kamagasaki ?

— Bien sûr que non, quelle drôle d'idée !

Ils se levèrent. Pascal ramassa son manteau et laissa un billet de cinq mille yens sur la table. Toriiwa éructa quelque chose en japonais à l'attention de la cuisine, puis se tourna de nouveau vers lui.

— Reprenez votre argent Monsieur Klein, je vous en prie, vous êtes l'invité d'Hiraga *san*.

Pascal obtempéra sans discuter. Il suivit ensuite son interlocuteur qui se dirigeait déjà vers la sortie, tandis que tout le personnel s'inclinait sur son passage. Une hôtesse déguisée en lapin rose et blanc leur ouvrit la porte. Le froid était devenu piquant et Pascal noua son écharpe autour du cou. La neige tombait maintenant à gros flocons. La limousine Lexus fumait dans l'atmosphère glaciale comme un pur-sang après la course. Le chauffeur quitta son siège pour leur tenir la portière. Pascal eut à peine le temps de repérer un feu allumé sur le trottoir avant de monter à l'intérieur. L'habitacle se referma sur lui dans un bruit mat, l'isolant pour la première fois du grand corps social qui l'avait absorbé. Une fois confortablement assis sur la banquette en cuir, il se retourna et jeta un coup d'œil par la lunette arrière. Les hommes nus qu'il avait vu passer un peu plus tôt étaient tous réunis autour du bûcher qui flambait sous la neige. Ils avaient l'air de jeter des objets dans les flammes, peut-être des fleurs de papier. Toriiwa s'assit à côté de lui et la voiture démarra en trombe.

La ville illuminée défilait à présent sous leurs yeux. Pascal distinguait dans les rues transversales la silhouette élancée de la tour de Tokyo. Cette aiguille cramoisie qui concluait toute perspective imposait sa carcasse métallique à chaque carrefour. Son sommet irradiait au travers du nuage chargé de neige, halo rougeoyant dans le coton hydrophile. Des brasiers allumés par la foule en liesse jalonnaient le parcours de la voiture. Partout, des attroupements hétéroclites se formaient autour des flammes.

— Qu'est-ce que c'est que ces feux ?, demanda Pascal intrigué.

— Aujourd'hui, c'est le 14 janvier. Nous célébrons le *Dondo yaki*. Et demain, c'est le petit nouvel an, ou *Koshogatsu*. Ce sont des fêtes de l'ancien calendrier, mais qui ont toujours cours. Autrefois, les paysans allaient au temple à cette période pour obtenir une bonne récolte. C'est aussi un hommage aux *kamis* des routes et des chemins. *Dondo* c'est, en français, le bruit du feu, des flammes qui… comment dites-vous, déjà ?

— Qui… crépitent ?

— Oui, c'est ça ! Qui crépitent. Merci.

— J'ai vu des gens nus tout à l'heure…

— La fumée est considérée comme très bénéfique pour la santé. Pour être en bonne forme toute l'année, il faut se promener nu dans la fumée du *dondo yaki*.

— Qu'est-ce que les gens brûlent ?

— Toutes sortes de choses. Les *darumas* sont très populaires. Ce sont des poupées sans bras, sans jambe et sans yeux. Elles portent le nom du fondateur du Zen qui, ayant médité neuf ans face à un mur, vit ses membres s'atrophier. On jette aussi les décorations en papier fabriquées pour le nouvel an. Ça porte bonheur. De manière générale, les gens brûlent ce qui est détruit, inutile, mutilé et qu'ils veulent tout de même honorer. Ici, les objets sont considérés comme éphémères. C'est très différent de l'Occident. Il faut rendre hommage à la perte, à la disparition des biens et des êtres en jetant au feu les scories de l'année écoulée. Ce sont les morceaux de vie épars qui nous retiennent et nous alourdissent. Les enfants dansent autour du feu et y jettent leurs jouets cassés par exemple. Ainsi, même les choses brisées, pour toujours incomplètes, se voient honorées. C'est l'adieu aux biens détruits par l'usage. Les débris de la vie accèdent aussi à l'immortalité. Ils partent en fumée et la fumée monte au ciel, rejoint les divinités. Nous pensons qu'il existe aussi un paradis pour les déchets, si vous voulez.

La voiture s'engagea sur l'autoroute de Yokohama. Même à vive allure, il leur fallut plus de deux heures pour sortir enfin de la ville tentaculaire. Par intermittence, Pascal arrivait à distinguer une étendue noire qui devait être l'océan Pacifique. Cette zone obscure en contrebas était le plus grand espace uniforme qu'il ait vu depuis son arrivée. L'absence d'enseigne, de bâtiment, de route trahissait la grandeur de la nature, l'immensité opaque. Ils sortirent de l'autoroute près d'Asahina, traversèrent la petite ville de Kanazawa kaido, avant d'arriver dans les faubourgs de Kamakura.

— Nous sommes bientôt arrivés, déclara Toriiwa. Kamakura est une petite ville avec beaucoup de temples shintos, une ville de pèlerinages. Hiraga *san* nous y attend.

Ils bifurquèrent ensuite sur une petite route à l'extérieur de la ville, puis s'arrêtèrent devant la grille d'un parc qui s'ouvrit après quelques instants. Au bout de l'allée, se trouvait une maison traditionnelle en bois devant laquelle ils s'immobilisèrent enfin. Une lumière douce filtrait au travers des portes et fenêtres en papier. La maison tout entière avait l'air d'une lanterne posée sur un champ immaculé. Il sortit de l'habitacle et ses pas se mirent à crisser dans l'épaisse couche de neige qui était tombée durant leur trajet. Il manqua de glisser puis se rattrapa de justesse à la portière encore ouverte. Le chauffeur leur montra le chemin. Ils pénétrèrent alors dans une antichambre où il fut invité à se déchausser.

À l'exemple de son guide, il rangea ses chaussures près de la porte, la pointe convenablement tournée vers l'extérieur, puis mit les chaussons qui lui étaient proposés. Ce geste lui rappela une histoire qu'il avait entendue plusieurs années auparavant. On disait des Japonais qu'ils ne perdaient jamais leur calme, qu'ils conservaient en toutes circonstances une amabilité sans faille. En réalité, cette attitude ne devait pas tant à leur sens des convenances, qu'à l'impossibilité technique de quitter une maison pieds nus. La raison l'emportait toujours sur les sautes d'humeur. Partir en claquant la porte lui serait par conséquent difficile, sachant que ses chaussures l'attendaient à l'extérieur de la pièce. Ce détail matériel poussait effectivement au compromis. Toriiwa fit ensuite coulisser un panneau translucide puis invita Pascal à pénétrer dans la pièce adjacente. Le salon était complètement nu, faiblement éclairé. Seul un homme d'âge mûr y était assis en tailleur. Hiraga portait un costume occidental.

Derrière lui, sur le mur du fond, Pascal aperçut l'un de ces petits autels, dédiés aux défunts, que les Japonais surnomment « étagères d'âmes ». Permanence des morts. Toriiwa s'inclina, prononça quelques mots en japonais puis s'agenouilla de manière très solennelle. Mimétique, Pascal se prosterna à son tour, désireux d'observer les coutumes, et s'assit en face de son hôte.

— Hiraga *san* est heureux de vous accueillir dans sa demeure et espère que vous avez fait un agréable voyage, lui déclara Toriiwa sans que l'autre ait prononcé un seul mot.

— Dites à Monsieur Hiraga que mon voyage s'est parfaitement déroulé. Je suis très honoré qu'un homme aussi important et réputé que lui ait accepté de me recevoir dans sa maison.

Toriiwa se mit à traduire. Hiraga était parfaitement immobile, le regard perdu dans le vague. À l'exception d'un léger mouvement des épaules, provoqué par sa respiration, on eût dit une statue de cire.

— Hiraga *san* souhaiterait aussi que vous transmettiez ses remerciements à Monsieur Vauzel, ainsi qu'à votre ambassadeur pour les relations courtoises et fructueuses qu'ils ont su nouer et entretenir avec notre pays.

— Dites à Monsieur Hiraga que je n'y manquerai pas. Monsieur Vauzel est un ami. Il m'a chaudement recommandé de m'adresser à vous en ce qui concerne la toile. Je sais que Monsieur Hiraga a aussi perdu son père et je souhaite lui exprimer mes plus sincères condoléances. Je partage sa douleur.

Toriiwa traduisit encore sans provoquer chez son auditeur la moindre réaction. Pascal se demanda s'il ne s'agissait pas d'un stratagème destiné à le tester. Lorsque le traducteur eut rempli son office, un silence terrible s'abattit sur les trois protagonistes. Les secondes se mirent à ralentir. Pascal n'osait plus bouger. Il entendait maintenant le tic-tac de sa montre battre la mesure du temps qui s'écoulait avec la même force que la cloche d'une église. La pièce tout entière semblait envahie par ce vacarme infime. Dehors la neige tombait, assourdissant un peu plus l'atmosphère. L'attente devenait lourde et oppressante. Sa tête se mit à tourner. Il avait dû commettre une bourde. Peut-être n'aurait-il pas dû parler de son père, ou bien ne pas mentionner la toile ? En plus du bruit de la montre, il entendait maintenant son cœur tambouriner contre ses tempes. Il eut soudain peur de s'évanouir. C'était foutu de toute façon ! Mieux valait décamper pendant qu'il en était encore temps et sauver la face. Il comprenait enfin toute la signification de cette histoire stupide. Comment fuir sans ses foutues chaussures ? Une goutte de sueur glacée coula très lentement le long de son épine dorsale. Il fallait faire bonne figure. Lorsqu'il eut l'impression qu'un million d'années s'était effectivement écoulé, il eut enfin le courage de se tourner vers Toriiwa.

— Dois-je partir ?, lui demanda-t-il d'une voix blanche.

Soudain, Hiraga tourna la tête vers la fenêtre. Nom de Dieu, il était bien vivant ! Son regard sans objet semblait se perdre dans la nuit. Après quelques instants supplémentaires, il se leva d'un bond avec une souplesse et une agilité peu communes, puis entreprit de lisser les pans de sa veste. Singeant son employeur, Toriiwa en fit autant. Tout était bien fini. Pascal avait laissé passer sa chance. Pensant qu'on allait le raccompagner, il se déplia, légèrement étourdi. Il suivit ensuite les deux hommes dans l'antichambre, remit ses chaussures et décrocha son manteau. À sa grande surprise, Hiraga s'habilla également. Il ouvrit ensuite la porte coulissante. Sans qu'il ait eu le temps de s'en rendre compte, Pascal se retrouva dehors, accompagné du maître et de son conseiller. Le sol était aussi blanc que le ciel était noir. La lune perçait à présent entre les nuages bas. Ils pénétrèrent alors dans l'estampe. L'ombre des arbres s'étirait démesurément sur les collines blafardes et le paysage expressionniste. Ils contournèrent la maison. Les massifs de bambous étaient alourdis par la neige cristalline. Quelques flocons tourbillonnaient encore. Ils empruntèrent un chemin longeant une rivière courbe. Les berges étaient couvertes de glace translucide et tranchante comme des tessons de bouteilles. De nombreuses empreintes de pas indiquaient de récents déplacements dans cette direction. Une tache rouge attira son attention dans le lointain. À mesure qu'il approchait, il finit par comprendre qu'un feu brûlait derrière les arbres. Arrivés près du bûcher qui crépitait dans l'obscurité, Toriiwa se tourna de nouveau vers lui. Hiraga fixait déjà le brasier, tout comme il avait fixé la fenêtre, tout comme il devait fixer le monde en mouvement autour de lui, immobile. *Dondo*, songea Pascal en regardant les flammes.

— Le passé est un encombrement, déclara Toriiwa. Vous cherchez à retrouver ce que vous avez déjà. C'est justement cela qui vous pèse. Qu'êtes-vous prêt à offrir pour vous débarrasser du fardeau ?

— Vous voulez de l'argent ? Évidemment, j'aurais dû m'en douter. Je ne suis pas aussi riche que vous, mais on devrait pouvoir s'arranger…

— …Vous ne comprenez rien, répondit Toriiwa, que donnerez-vous au feu pour voir ce tableau ? Si Hiraga *san* vous permet de voir cette image du passé, accepterez-vous de vous en défaire ensuite, de jeter votre jouet cassé dans le brasier ?

— Chez moi, seuls les barbares brûlent les œuvres d'art, rétorqua Pascal offusqué. J'ai voué toute ma vie à l'étude de la peinture. L'histoire de ma propre famille est liée à cette toile et vous voudriez que je la détruise après l'avoir enfin retrouvée ?

— Vous avez fait tout ce chemin pour alourdir votre peine. Cet objet a vécu. Son histoire s'achève ici, maintenant. Hiraga *san* a toujours su que vous viendriez un jour. Ni lui, ni vous ne le posséderez jamais. Acceptez cette offre, même sans la comprendre et ce qui vous manque tant vous sera enfin restitué.

Pascal resta planté là, silencieux, les mains nouées par une tension extrême. Hiraga se dirigea ensuite vers un arbre derrière lequel se trouvait, mal dissimulé, un objet rectangulaire. Il était recouvert d'un drap blanc comme un linceul. D'un geste vif, il ôta le linge qui tomba dans la neige et se fondit en elle sous les étoiles. Il tendit ensuite le tableau à Pascal qui s'en saisit sans même le regarder. Les deux Japonais se jetèrent alors un coup d'œil puis, sans un mot, retournèrent ensemble vers la maison, laissant Pascal seul près du feu.

Dès qu'ils furent hors de portée, il s'effondra complètement, serrant le tableau contre sa poitrine. Ne pouvant plus soutenir son propre poids, il s'agenouilla dans la neige. Devant ses yeux embués défilaient à présent toutes les cohortes de la mémoire, les divisions tactiques des souvenirs d'emprunt. Ferdinand aimait tellement ses grands-parents. Il deviendrait un peintre de renom, ou bien un grand ingénieur, comme Gustave Eiffel. Southampton, l'atelier tapissé de cheveux, l'hôpital, les caisses et les rayons de soleil. Il vit Cherrier, à l'âge de 10 ans, marchant dans les couloirs du Louvre avec son père, le grand musée du Reich à Linz, les bombardements alliés et l'exécution de von Kammer. Pourquoi était-il entré dans l'atelier ? *La Mort de Sardanapale*. Il avait désobéi ! Il songea ensuite au Brownie, au poupon en celluloïd, aux soldats de bois et à la Traction avant. Citroën faisait encore de bonnes voitures en ce temps-là. On échangeait les prisonniers politiques sur le pont de Glienicke, enjambant la rivière Havel et non pas l'Oder. Clémentine Faber s'était trompée. Ça remettait tout en question, non ? Il fallait rendre la photo maintenant. Toute cette histoire reposait sur une regrettable erreur. Il fallait revenir en arrière et tout effacer. André Breton, Gustave Malbert, Adélaïde, Louis Bonnet, et Hector de Sastres. Les noms tournoyaient comme des flocons de neige dans le vent. Les combats de la Somme le hantaient, la destruction de Marencourt, les décombres, les vestiges, ces petites statuettes que l'on nomme *jizos*. Hiroshige à Vitebsk, tournant autour de la synagogue. Chagall, dans les rues neigeuses d'Atagoshita. Il voyait le retable, les Bédouins minuscules, l'océan était une gelée rose bordée d'écume orange. Il vit le mausolée, l'abbaye de Loc-Dieu, les gueules cassées de Barèges et la serre tropicale avec son banian de Malaisie. La porte d'Orléans, Valparaiso et Mouton-Duvernet, la rue de Cronstadt, le Rouergue, Buda et la gare du Nord. Soudain, les nazis se mirent à défiler par milliers dans le grand stade de Nuremberg. Les bambous allaient-ils se mettre à fleurir, à cet instant précis ? Il sentait la présence des *tengùs*, partout dans la forêt, derrière les talus neigeux. Les convois quittaient maintenant Paris, pleins de tableaux et de victimes pour Moloch. L'adoration des mages. Il était arrivé devant *Kamon*, à la porte des Démons. Les torches illuminaient la nuit, cheminant au pas cadencé, tandis que les étendards rouges et noirs claquaient dans le vent. Même les dieux pourtant étaient amenés à disparaître. Charles Foster Kane expirait son dernier souffle, tout en caressant la caisse restée sous son lit. Sastres contemplait l'étrange couleur de la tour de Tokyo, il griffonnait des croquis pour les ouvriers japonais. Heureusement, Harrison Ford était sain et sauf. Il triomphait toujours du mal. Où emmenait-on la caisse à la fin du film et toutes les autres caisses ? Dans les palais, dans les trains et les hangars, dans les musées, les garde-meubles et les églises. La Vierge était restée silencieuse. On entendait maintenant le sifflement des obus qui tombaient. *Rosebud* susurrait pourtant la Vénus. Ensuite il y avait eu *La Joconde* et maintenant *L'Amazone*. C'en était presque drôle. Des hordes de mains anonymes se saisirent alors des livres interdits avant de les jeter au feu avec avidité. Ça n'était plus un bûcher qui palpitait dans la nuit éternelle, c'était le monde entier qui se consumait dans un brasier perpétuel.

Comment accomplir un geste identique tout en lui donnant un sens diamétralement opposé ?, se demanda-t-il enfin. Toutes les valeurs auxquelles il avait cru jusqu'alors se disloquaient, se dénouaient comme des fleurs de papier, des offrandes sacrificielles. Soudain, il sentit une force et une douleur inconcevables lui déchirer la poitrine, un cri inarticulé qui fit trembler la nuit, comme si la matrice s'était enfin rompue. Il tendit le tableau à bout de bras. *L'Amazone* semblait danser à la lumière du feu comme un *kami* du grand temple Kaneiji. La sorcière volait alors à la poursuite de la lune. Elle était un corbeau à l'apparence humaine. Le clown sautait à cloche-pied. L'image de son enfant à venir s'imposa soudain à lui comme une évidence et lui rendit l'énergie dont il avait encore besoin. Il songea à Sylvie, à cette vie qui était en elle et qui était un peu la sienne. Il connaissait maintenant le nom du cheval bleu qui galopait sur la piste. C'était pourtant clair et ce nom serait bien évidemment celui du baptême futur. Le vent se leva, animant le blizzard. Des diamants se mirent à tomber du ciel. Bien malin celui qui pouvait distinguer à présent les flocons des étoiles devenues filantes. En tout cas, il y avait suffisamment de chaque pour réaliser toutes les boules de neige et tous les vœux de tous les enfants encore à naître. *Johatsu*. Le moment était enfin venu de s'évaporer. Il haletait maintenant. Le froid lui cisaillait la respiration comme une lame. Ses mains tremblaient et, à contre-jour, il reconnut avec certitude les mains de son père empoignant le tableau, les traces de peinture et les callosités. Alors il contempla une dernière fois l'œuvre de pigments et de fibres puis, d'un geste, la jeta sans regret, comme on abandonne un corps devenu trop lourd, dans le tumulte des flammes.

Mise en pages : Nord Compo
Couverture et jaquette : Patrice Renard
Coordination éditoriale : Lorraine Chouty

Impression réalisée par Corlet imprimeur
pour le compte de l'Éditeur en juin 2011

IMPRIM'VERT®

ISBN : 978-2-36201-041-5
Dépôt légal : août 2011
N° d'imprimeur : 139140

Imprimé en France

HIRSCH, Mikaël
Les Successions